UN
GÉNÉRAL DE L'AN DEUX
EN VENDÉE

Notes biographiques

SUR LE

GÉNÉRAL BARD

RECUEILLIES PAR

ANTOINE BARD

Ancien représentant du peuple

PARIS

IMPRIMERIE NOIZETTE ET C⁰

8, RUE CAMPAGNE-PREMIÈRE, 8

1897

UN

GÉNÉRAL DE L'AN DEUX

EN VENDÉE

Général BARD

UN
GÉNÉRAL DE L'AN DEUX
EN VENDÉE

Notes biographiques

SUR LE

GÉNÉRAL BARD

RECUEILLIES PAR

ANTOINE BARD

Ancien représentant du peuple

PARIS

IMPRIMERIE NOIZETTE ET Cie
8, RUE CAMPAGNE-PREMIÈRE, 8

1897

AVANT-PROPOS

Les pages qui vont suivre sont empruntées à des notes biographiques sur le général Bard, recueillies par son petit-fils, M. Antoine Bard, représentant de Saône-et-Loire à l'Assemblée Législative de 1849. Ces notes proviennent, en grande partie, de papiers de famille et de documents absolument inédits. Le fragment que nous publions se rapporte à la période comprise entre le commencement de septembre 1793 et le mois de juin 1795; tous les faits qu'il relate ont pour théâtre la Vendée insurgée.

Quelques indications préliminaires sur l'ensemble de la vie du général Bard doivent trouver place ici.

Né, le 24 janvier 1759, à Montmort, près Toulon-sur-Arroux (1), resté orphelin dès 1765, Antoine-Marie Bard se faisait admettre, le 29 mars 1778, dans la « Compagnie d'hommes d'armes d'ordonnance sous le titre de Gendarmes Bourguignons », dont le dépôt était à Lunéville (2). Le 30 août 1781, il quitte ce corps pour se consacrer à l'administration de ses biens, qui avaient été livrés aux « déprédations » de plusieurs tuteurs. Il se fixe à Toulon-sur-Arroux, et se marie.

La Révolution éclate. Le 24 juillet 1789, dix jours après la prise de la Bastille, Bard est élu à l'unanimité, par les habitants de Toulon, major de la garde nationale. Le 26 juin 1791,

1. V. Appendice, I.
2. V. Appendice, II et II *bis*.

après un licenciement de cette garde, il était nommé commandant par 105 voix contre 18. En février 1792, la guerre devenant imminente, il réclamait son rappel au service.

Le 15 mai suivant, il fut nommé lieutenant au 45e régiment d'infanterie, alors en garnison à Béthune, fit la campagne de Belgique, se trouva à Jemmapes, y fut blessé (6 novembre 1792), participa, en qualité de capitaine, au siège et à la prise de Namur (du 20 novembre au 2 décembre 1792), et appartenait encore à l'armée du Nord lorsque Dumouriez trahit la cause de la France (avril 1793) (1).

Le 4 mai 1793 fut décrétée l'organisation d'une armée composée de troupes exercées, pour combattre, dans les départements de l'Ouest, l'insurrection royaliste, dont les progrès inquiétaient la Convention. Le capitaine Bard fut compris dans les bataillons de la formation d'Orléans. Le 27 mai, il était élu commandant du dixième bataillon, et quelque temps après rejoignait l'armée des Côtes de la Rochelle, sous les ordres du ci-devant duc de Biron, auquel succéda plus tard Rossignol.

C'est à cette époque que commencent les notes qui font l'objet de notre publication. Le 5 septembre 1793, à la bataille de Chantonnay, où Marceau lui-même ne put retenir les troupes mal aguerries qu'il conduisait, le lieutenant-colonel Bard fait apprécier son énergie à la tête du dixième bataillon d'Orléans. Nommé général (4 octobre 1793) et chargé de commander l'armée de Luçon, avec Marceau pour adjudant-général, il marche sur Mortagne, combat, le 15 octobre, à la Tremblaye, contre le général vendéen de Lescure, qui est mortellement frappé dans cette affaire, reçoit lui-même plusieurs coups de feu, et couvert de blessures devant Cholet, revient ensuite à Luçon, dont on l'oblige à conserver le commandement. Pendant trois mois, par de sages mesures et une

---

1. Archives administratives de la Guerre ; — de Courcelles, *Dictionnaire historique et biographique des généraux français depuis le onzième siècle*, Paris, 1820 ; — Chassin, la *Vendée patriote*, t. III, p. 195. Nous indiquerons à l'avenir cet important ouvrage (quatre vol. in-8°, Paris, 1893-1895) par le seul nom de son auteur.

activité militaire incessante, malgré l'état de ses blessures, il travaille à la pacification de cette région.

Le 18 janvier 1794, le nouveau commandant en chef de l'armée de l'Ouest, Turreau, méconnaissant la véritable situation de la Vendée, communique aux généraux son fameux plan de dévastation et d'extermination. Ce plan, non moins inhabile qu'inhumain, soulève les protestations de Bard, qui prétendait s'appuyer sur les populations pour pacifier le pays. Bard réussit à préserver les localités placées sous son commandement, reste étranger aux expéditions des colonnes organisées par Turreau, et ne cesse d'intercéder auprès de ses collègues en faveur des communes et des particuliers. Il persiste dans cette attitude malgré l'exaltation croissante des esprits. Sans manquer au respect de la discipline militaire, il fait entendre au général en chef des vérités qui, depuis, ont été consacrées par l'histoire. Mais il vient un moment où les services rendus ne suffisent plus à le protéger. Turreau le frappe de suspension le 24 mars 1794, et le dénonce comme coupable de « modérantisme ». C'était l'instant même où Paris voyait exécuter Danton, Camille Desmoulins et, avec eux, Westermann, l'un des plus vaillants soldats de la guerre de Vendée.

Pendant que Bard se rend à Nantes, auprès des représentants, pour s'expliquer sur sa conduite, la ville et l'armée de Luçon, indignées, se révoltent à son insu contre le successeur qui lui a été donné. Bard est jeté en prison par les représentants Hentz et Francastel, puis conduit à Angers pour y être jugé. Il reste détenu pendant quatre mois sans pouvoir obtenir justice. Le 7 thermidor an II, il écrit au président de la Convention nationale pour réclamer « la liberté ou la mort ». Le surlendemain éclataient les événements du 9 thermidor. Le 21 du même mois (8 août 1794), le Comité de Salut public ordonnait que le général Bard fût mis immédiatement en liberté.

Peu après, Bard est replacé à la tête de ses troupes au milieu des témoignages d'estime et de sympathie de ses compagnons d'armes et des patriotes vendéens. Mais les blessures reçues et les épreuves traversées par lui l'avaient atteint si profondément que, l'année suivante, il était obligé d'interrompre son service au moment où on lui confiait le commandement de la division de Cholet en remplacement du brave Beaupuy. Ici s'arrête le présent volume.

Dans un document signé plus tard par un certain nombre de représentants, qui l'avaient vu à l'œuvre (Bellegarde, Savary, Chapelain, Gaudin, etc.), il est déclaré « que le gé- « néral Bard s'est conduit dans la Vendée en homme ver- « tueux, qu'il n'a cessé d'y donner des preuves de civisme et « de courage. De tous les généraux qui ont commandé dans « la partie de Fontenay, c'est celui que les républicains ont « le plus regretté. En effet, c'est lui qui avait le plus con- « stamment et le plus efficacement suivi les procédés propres « à terminer la guerre civile. Son arrestation ne fut occa- « sionnée que par les observations sages qu'il fit contre la « mesure désastreuse qui ralluma toutes les fureurs. Il vou- « lait servir son pays, et fut victime de la tyrannie décem- « virale. »

Le Comité de Salut public (arrêté du 15 fructidor an III) avait attribué au général Bard, réformé pour cause de blessures, une pension, qui fut confirmée par la loi du 11 germinal an IV (1). Cependant Bard supportait impatiemment l'inaction à laquelle il était condamné (2). Le ministre de la guerre Bernadotte voulut le rappeler au service, en lui donnant le commandement de la dix-huitième division militaire (3). On sait que le futur roi de Suède, jugé alors trop républicain, ne resta que quelques semaines au ministère. Bard se trouva définitivement rejeté dans la vie privée par le dix-huit brumaire.

Sous le Consulat et l'Empire il n'exerça aucunes fonctions. En 1811, lors d'un travail de révision des pensions militaires, les généraux inspecteurs le qualifiaient « honnête homme dans toute l'acception du mot », mais notaient sa « constitu-

1. V. Appendice, III.
2. V. Appendice, IV.
3. Archives administratives de la Guerre.

tion usée » par les blessures, qui ne le rendait « plus propre
à aucune espèce de service. » Pourtant, lorsque les étrangers
envahirent la France en 1814, et pénétrèrent jusqu'en Saône-
et-Loire, les gardes nationales de Bourgogne lui déférèrent
le commandement, et sur plusieurs points il fit rétrograder
les troupes de la coalition (1), qui éprouvèrent en diverses
rencontres des pertes appréciables. Forcé par la défection
d'Augereau de renoncer à la lutte, sa patriotique initiative le
désigna aux rigueurs de l'ennemi, et il fut mis en état d'arrestation par les Autrichiens.

Sous la Restauration le souvenir de la courageuse modération dont il avait fait preuve en Vendée ne le préserva qu'incomplètement de certaines persécutions. Il ne devait plus
sortir de la vie privée. Il mourut à Toulon-sur-Arroux le
9 novembre 1837.

Le rôle du général Bard pendant sa courte carrière militaire a été mentionné par un assez grand nombre d'historiens, et la figure de ce général apparaît même dans des
œuvres d'imagination inspirées par les guerres de la Révolution (2); mais ses actes et les événements auxquels il a été

---

1. *Précis historique des opérations de l'armée de Lyon en* 1814,
publié à Paris, en 1849, par Albert Du Casse, capitaine d'état-major,
(dont le père fut, sous Augereau, chef d'état-major de l'armée de
Lyon). — *La Campagne de 1814*, d'après des documents des archives
impériales et royales de la guerre à Vienne. La Cavalerie des armées
alliées, par le commandant Weil, Paris, 1892 et s.; t. II, pages 463 à
482. Le savant officier établit par les documents de l'ennemi combien
ce soulèvement de tout le pays, depuis Charolles et Cluny jusque vers
Autun et Sennecey, inquiéta sérieusement les généraux alliés et
déconcerta leurs opérations. C'était exactement dans ces mêmes journées que Napoléon adressait à Augereau des dépêches pathétiques
souvent citées, l'adjurant d'oublier ses cinquante-six ans et de ne se
souvenir que des beaux jours de Castiglione ou même de « reprendre
ses bottes et sa résolution de 93 ». On sait comment le maréchal duc
de Castiglione, comblé d'honneurs et de richesses, répondit à ce
pressant appel.

2. Notamment les *Bleus et les Blancs*, roman d'Etienne Arago; *Histoire d'un paysan*, roman d'Erckmann-Chatrian.

mêlé n'ont pas toujours été relatés d'une façon complète et
précise. Sa suspension et sa détention dans les circonstances
indiquées plus haut ont même été passées sous silence par
le rédacteur de l'article que lui consacre, en 1820, le dictionnaire de Courcelles. Les notes que nous livrons à l'impression
comblent certaines lacunes et rectifient certaines données.
Leur auteur n'a pas écrit un panégyrique ; il laisse la parole
aux faits et aux documents ; il a coordonné dans ce but une
grande quantité de pièces, dont beaucoup sont inédites et se
trouvent, soit dans des archives publiques qu'il indique, soit
le plus souvent entre ses mains comme provenant directement du général Bard (1). C'est là qu'il a autant que possible
cherché la vérité, au lieu de s'en tenir à la version la plus
accréditée ou à la légende ayant cours. Il ne s'en est rapporté à autrui qu'à défaut de sources d'information personnelle et directe. Il s'est imposé l'exactitude la plus rigoureuse
dans la reproduction des pièces utilisées par lui ; il en a seulement modernisé et corrigé au besoin l'orthographe. Ce travail, avant tout documentaire, apporte ainsi une très modeste
mais réelle contribution à l'histoire intérieure de la Révolution dans une de ses périodes caractéristiques. Il est de
nature à montrer sous leur aspect véritable, non seulement
une figure intéressante et des incidents peu connus, mais un
coin des mœurs politiques et militaires de cette époque si
tourmentée. C'est pour ce motif qu'on a cru pouvoir en faire
imprimer quelques exemplaires, quoiqu'il ne fût pas primi-
tivement destiné à la publicité.

1. Pour les documents qui ont été déjà imprimés, on renverra à la
publication qui les contient.

CHAPITRE PREMIER

Situation et opérations militaires
en septembre 1793 ; Bard promu général.

Lorsque le décret du 4 mai 1793 ordonna qu'il serait formé à Orléans une armée destinée à combattre l'insurrection royaliste, on entrait dans la phase la plus critique de la Révolution. Le 9 mars, jour où s'était déclarée la coalition générale de tous les Etats de l'Europe, l'insurrection avait éclaté en Anjou. Elle s'était propagée, comme une traînée de poudre, au sud de la Loire. Les républicains avaient été défaits le 10 mars, à Machecoul, — le 13, à Jallais. Ils avaient laissé prendre Chemillé le 14 mars, — Cholet le 15. Aux défaites de l'intérieur répondaient celles des frontières ; on succombait devant les Autrichiens à Neerwinden, et le vainqueur de Jemmapes passait à l'ennemi.

Le Comité de Salut public, institué le 6 avril sous le coup de désastres répétés, n'avait pu en arrêter le cours. Les insurgés royalistes avaient infligé de nouveaux échecs aux troupes envoyées contre eux. Les républicains, après un succès isolé à Chemillé le 11 avril, étaient battus, le 16, à Vihiers, — le 23, à Beaupréau, — le 25, aux Aubiers. Ils étaient obligés d'évacuer les villes d'Argenton, de Bressuire, puis de Thouars (5 mai) et de Fontenay (25 mai). Une partie considérable de l'Anjou, du Saumurois et du Poitou se trouvait ainsi au pouvoir de la Grande Armée Catholique et Royale, comptant dès lors environ 120.000 hommes et constituée en plusieurs divisions, commandées par ces chefs énergiques qui s'appelaient Cathelineau, d'Elbée, la Rochejaquelein, Bonchamps, Lescure, Marigny, Charette et Stofflet.

Dans d'autres parties de la France, la Convention allait bientôt avoir à lutter contre la formidable insurrection de Lyon, les mouvements fédéralistes des départements et Toulon livré aux Anglais.

Il fallait faire front de toutes parts, et parmi les dangers de l'intérieur aucun n'était aussi redoutable que le soulèvement angevin et vendéen, gagnant de proche en proche, susceptible de se généraliser dans tout l'ouest de la France et de se mettre, par l'Océan, en communication directe et constante avec la coalition anglo-européenne. Les insurgés avaient pour eux le nombre et le fanatisme de leurs troupes, la capacité incontestable de plusieurs de leurs chefs, le courage de tous, et, en outre, l'avantage inappréciable de combattre *pro aris et focis* dans leur propre pays, région accidentée, dépourvue de routes, mal praticable à ceux qui ne la connaissent pas parfaitement et peu propice au déploiement régulier des forces militaires. Quels soldats la Convention nationale avait-elle à leur opposer? Ceux des nouvelles levées et les réquisitionnaires rassemblés à la hâte étaient incapables de soutenir la rude campagne qui s'annonçait. Le Comité de Salut public adopta « un mode « d'organisation de l'armée de la réserve tendant à « lui donner sur-le-champ la force et les avantages « des troupes exercées. » On préleva dans chaque bataillon des armées du Nord et des Ardennes cinquante-quatre hommes, pris à raison de six par compagnie, et destinés à former, avec leurs sous-officiers, le solide noyau d'une compagnie nouvelle. Ces compagnies nouvelles étaient organisées en bataillons de neuf compagnies, commandés par un lieutenant-colonel.

Sans doute beaucoup de ceux qui furent désignés pour les travaux ingrats de la guerre intérieure auraient préféré continuer l'œuvre commencée à Valmy, et encore inachevée. Bard notamment, qui avait fait ses preuves à Jemmapes, ne cessait plus tard, sa correspondance l'atteste à maintes reprises, de tourner ses regards vers les champs de bataille de la frontière. Il fut contraint d'aller où le devoir l'appelait, mais il regretta ses frères d'armes de l'armée du Nord. Il en fut également regretté. Sa compagnie portait encore son nom à la fin de 1793; nous trouvons ce détail dans une lettre que lui adressait à cette époque un officier de ses amis.

1.

Les bataillons de la formation d'Orléans devaient procéder eux-mêmes à l'élection du lieutenant-colonel appelé à les commander. Bard fut élu chef du dixième bataillon. Ce bataillon se trouvait alors à Tours, où il s'était rendu en descendant la Loire. Les Archives administratives de la Guerre contiennent le procès-verbal (en date du 27 mai 1793) de « l'élec- « tion du citoyen Bard comme commandant de ba- « taillon par les officiers, sous-officiers et soldats, « réunis à la maison commune de Tours. » Le pro- cès-verbal est signé par l'adjudant-général, comman- dant à Tours, et visé par les représentants du peuple.

L'organisation et l'équipement de ces nouvelles troupes avaient été confiés au citoyen Charles Hesse (ci-devant prince de Hesse-Rhinfels). La bonne vo- lonté de ce prince jacobin était plus grande que ses moyens, et le manque de magasins rendit sa tâche très laborieuse. Il en vint à bout cependant. Les compagnies d'anciens soldats de ligne conservèrent l'habit blanc. Les compagnies de volontaires qu'on y adjoignit prirent l'uniforme bleu. La mise en train et l'entrée en ligne des bataillons ainsi formés ne s'effectuèrent que successivement et avec lenteur.

Les semaines consacrées à ces opérations ne furent pas moins défavorables que les précédentes aux ar- mes républicaines. Dans la journée du 8 juin, Bon- champs battait à Doué le général Leygonier et, se réunissant à Lescure, le soir du même jour, à Mon- treuil-Bellay, il empêchait le général Salomon de gagner Saumur menacé par les insurgés. Cette ville, défendue par Menou, le futur général en chef de l'armée d'Égypte, et par Berthier, le futur prince de Wagram et de Neufchâtel, succombait, le 10 juin, sous l'assaut de l'armée catholique et royale. A ce moment on vit la République, qui tenait tête à l'Europe entière, se replier devant l'insurrection, évacuant Angers, abandonnant Ancenis, laissant Nantes exposé aux attaques de l'ennemi.

C'est à Saumur, croyons-nous, qu'apparurent les premiers bataillons de la formation d'Orléans. Le dixième ne figure pas encore parmi les combattants.

Pour l'intelligence des événements, il ne faut pas perdre de vue que deux armées concouraient alors à la lutte contre l'insurrection. L'une était l'armée dite des Côtes de Brest, ayant en réalité son centre à Nantes, et couvrant le nord de la Loire, avec Canclaux pour général en chef. L'autre armée, dans laquelle Bard fut versé avec le dixième bataillon de la formation d'Orléans, était celle des Côtes de la Rochelle. Ses garnisons allaient de Tours jusqu'à l'embouchure de la Charente. Elle était, depuis le 28 mai, commandée par le ci-devant duc de Biron; dont la carrière brillante et la fin tragique sont également connues. Biron avait son quartier général à Niort. Son armée, occupant le cours de la Sèvre niortaise depuis St-Maixent, couvrait la Rochelle et Rochefort. Elle devait combiner ses mouvements avec ceux de Canclaux, contenir et isoler du côté du sud les insurgés vendéens, et les empêcher, à l'ouest, de s'établir sur les côtes de l'Océan, dont la possession leur eût assuré une nouvelle base d'opérations, avec la facilité de recevoir munitions et renforts.

C'est ainsi que, le 28 juin, pendant que, au nord, soixante-quinze mille hommes de l'armée catholique attaquaient Nantes, défendu par Canclaux, les troupes de Luçon repoussaient une diversion exécutée sur cette ville par les vendéens du centre, que commandaient Royrand et Lescure. Nantes ayant mis en fuite la grande armée, Saumur était, le 30 juin, repris par les républicains, et Parthenay réoccupé par Westermann.

Malgré ces succès, la situation restait inquiétante. Biron renseigna le ministre de la guerre et le Comité de Salut public avec une courageuse franchise. Dans son armée, qui comprenait, avec les jeunes recrues du contingent récemment levé, des gardes nationaux en réquisition et des volontaires plus ou moins insubordonnés, la confusion et l'indiscipline était extrêmes. Par exemple, deux bataillons de Bordeaux, après s'être bien conduits pendant quelques mois, demandaient à se retirer et finirent par s'embarquer (24 juillet) sans qu'on put les retenir. Un bataillon de Lot et Garonne manifestait les mêmes dispositions. D'autres réclamaient aussi leur rapatriement. Des désertions quotidiennes affaiblissaient les corps de troupes. Les cadres supérieurs d'officiers étaient insuffisants. « Il n'existe pas un seul colonel dans cette « armée, écrivait Biron. Les lieutenants-colonels les « plus en état de mener des troupes sont les capi-« taines des bataillons de la formation d'Orléans, » mais il ne les jugeait pas encore mûrs pour le commandement. « Ils seront pour la plupart, ajoutait-il, « des officiers distingués, mais de plus expérimentés « qu'eux seraient embarrassés pour se faire obéir « par les officiers et les soldats des bataillons nou-« vellement composés. »

Dans l'état-major général, l'unité d'action faisait défaut. Tantôt à Saumur, tantôt à Tours, où se trouvait une partie de l'armée, des plans de campagne successifs s'élaboraient dans une commission centrale comprenant des représentants du peuple, des généraux subordonnés de Biron, Ronsin, adjoint au ministre de la guerre Bouchotte, et divers délégués du pouvoir exécutif. Biron écrivit au Comité de Salut public, en lui envoyant sa démission : « Nul général « ne peut plus espérer le succès, ni répondre du se- « cret de ses plans, lorsqu'ils sont discutés et arrêtés, « même en son absence, par plus de vingt personnes, « qui ne méritent certainement pas toutes sa con- « fiance (1). »

Dans le personnel des généraux, à côté de quelques militaires expérimentés, se rencontraient des chefs improvisés et d'inégale valeur. Westermann, l'un des meilleurs, dépensait souvent son héroïsme en des aventures téméraires. Le 3 juillet, il enlève brillamment Châtillon en plein bocage vendéen ; deux jours après il le laisse reprendre, et est obligé de venir se disculper à la barre de la Convention. Santerre commande les bataillons de Paris avec une inexpérience qu'attestera la déroute de Vihiers (17 juillet). Quant à Rossignol, Thiers le caractérise ainsi, non sans justesse : « Doué d'un esprit naturel, il avait de l'ardeur, de la bonne foi, mais point d'instruction et, quoique franchement dévoué, il était incapable de servir d'une manière utile. » Il faut lui rendre encore cette justice qu'il ne s'illusionnait pas sur ses aptitudes. Lorsqu'il fut nommé, le 24 juillet, commandant en chef de l'armée des Côtes de la Rochelle en remplacement de Biron, il demanda à Choudieu (2)

---

1. Biron fut condamné à mort, et exécuté le 31 décembre 1793.

2. Papiers de Choudieu, dans la *Revue de la Révolution*, année 1888. — Dans une autre circonstance Rossignol donna sa démission, disant que sa place était à la tête d'un bataillon et non d'une armée. (Savary, tome II, p. 376.) — Nous désignerons sous le nom de son auteur, Savary, l'ouvrage intitulé : *Guerres des Vendéens et des*

si l'on était devenu fou à Paris, tant ce commandement lui paraissait au-dessus de ses forces. Il ne se rendait pas compte qu'il allait être l'homme de paille de Ronsin, adjoint au ministre de la guerre (1).

Les premiers temps du commandement de Rossignol coïncidèrent néanmoins avec des succès républicains : le 30 juillet, à Bessay devant Luçon, — le 4 août, à Doué, —. le 13, à Luçon, où le général Tuncq battit d'Elbée, Royrand. Lescure et Charette, — le 23 août, à la Roche-sur-Yon, qui fut enlevé par Mieszkowsky. Ces divers succès furent obtenus sans la participation du nouveau général en chef. La veille de la reprise de la Roche-sur-Yon, Rossignol avait été suspendu de ses fonctions par les représentants Bourdon (de l'Oise) et Goupilleau (de Fontenay), sous prétexte de pillage. Déchargé de cette inculpation par la Convention même, et replacé à la tête de l'armée des Côtes de la Rochelle, il se rencontra, le 2 septembre, à Saumur, avec Canclaux, commandant l'armée des Côtes de Brest, et, ce même jour, ils tinrent un conseil de guerre pour prononcer sur la destination à donner à la colonne de Mayence, dont la Convention avait décrété l'envoi dans les départements insurgés. Le 3 septembre fut arrêté un plan de campagne commun aux deux armées; nous y reviendrons.

Avant que l'exécution de ce plan pût être commencée, eut lieu, le 5 septembre, la bataille de Chantonnay, que les vendéens comptèrent au nombre de

Chouans, par un officier supérieur des armées de la République, six volumes in-8°, Paris, 1824 à 1827. Cet ouvrage constitue un recueil précieux de documents, dont les originaux sont aujourd'hui perdus.

1. Ronsin fut condamné à mort, et exécuté le 24 mars 1794.]

leurs plus importants succès, mais dans laquelle plusieurs chefs républicains, et Bard au premier rang, se signalèrent d'autant plus qu'une partie des troupes se montrait inférieure à sa tâche.

Les armées vendéennes avaient résolu de tenter une opération analogue à celle du 28 juin précédent. Pendant que Charette attaquait, sous Nantes, le camp des Naudières, vaillamment défendu par Beysser (1), Grouchy et Blosse (2), les chefs de la Haute-Vendée et du Centre se portaient au sud sur le camp des Roches, près Chantonnay. Ce camp se trouvait établi assez témérairement en avant des villes de la Roche-sur-Yon, Luçon et Fontenay, dont les troupes insuffisamment nombreuses ne pouvaient lui envoyer aucun secours efficace. Vingt-cinq à trente mille hommes de l'armée catholique-royale, sous la conduite de d'Elbée, leur généralissime, assisté de Bonchamps et de Stofflet, descendirent des Herbiers dans la direction de la Châtaigneraie. Ils avaient avec eux une trentaine de canons (3).

Les républicains étaient bien inférieurs en nombre, et, par un hasard qui lui fut vivement reproché, leur chef, le général Tuncq, était absent, s'étant rendu l'avant-veille à la Rochelle sans laisser d'instructions. Le jeune et brave général Lecomte (4) le remplaçait. Il avait Marceau pour adjudant-général. Le lieutenant-colonel Bard était à la tête de son dixième ba-

---

1. Le général Beysser fut condamné à mort, et exécuté le 13 avril 1794.

2. Nous retrouverons plus loin Blosse et Grouchy. Le premier fut tué le 27 octobre 1793, le second devint maréchal de France.

3. Grille, *La Vendée en 1793*, trois vol. in-8o, Paris, 1851-1852, tome II, p. 103.

4. Lecomte fut tué le 11 octobre suivant.

taillon de la formation d'Orléans. Les troupes républicaines s'étendaient en avant de Chantonnay du
côté de l'ouest, communiquant au nord-est avec Saint
Vincent, au sud avec la Réorthe sur la grande route
de Luçon, ligne de retraite éventuelle de l'armée. Un
des points essentiels de la défense était le Pont-Char-
ron (ou Pont-Charault) sur le Lay, au sud et à proximité de Chantonnay. Ce point était occupé par le quatre-
trième bataillon de la Dordogne, renforcé du septième
bataillon d'Orléans.

L'approche de l'ennemi étant signalée, le général
Lecomte s'était porté au nord du côté de Saint Vincent avec un peloton de cavalerie, lorsqu'une ordonnance vint à toute bride de Chantonnay lui annoncer
que le quatrième bataillon de la Dordogne avait quitté
son poste sans tirer un coup de fusil, et même sans
avoir vu l'ennemi de plus près qu'une demi-lieue.

« Je chargeai aussitôt, dit Lecomte (1), mon adjudant général Marceau de se porter sur les lieux pour rétablir l'ordre
et rallier les fuyards. Il les rencontra près le camp, et plus
loin le septième bataillon d'Orléans qui rétrogradait. Le pont
Charon étant abandonné et Chantonnay déjà au pouvoir des
rebelles, Marceau fit mettre les deux bataillons en bataille sur
la gauche de la grande route qui domine Chantonnay, pour
tenir l'ennemi en échec et protéger deux pièces d'artillerie
légère qu'il avait fait avancer, ainsi qu'un corps de cavalerie.
S'étant aperçu que deux bataillons, placés sur les hauteurs
en avant du Puy Béliard, fuyaient à l'approche de l'ennemi
et mettaient par là notre gauche à découvert, il courut vers
eux, fit tout ce qu'il put pour les rallier, mais en vain; il n'y

1. Rapport adressé de Luçon, le 8 septembre, au général Chalbos,
et transmis au ministre. Savary (t. II, p. 117 et s.) en donne des extraits, qui ont été complétés par Chassin (t. II, p. 559 et s.).

put réussir. Il leur ordonna de s'emparer des haies et d'y tenir ferme pour retarder la marche de l'ennemi.

« Je n'avais pas attendu le retour de Marceau pour faire marcher le dixième bataillon d'Orléans (1), et lui faire faire un mouvement qui assura la position de la gauche.

« Le nombre des fuyards et la cessation du bruit de l'artillerie me faisant présumer que les canons placés en avant étaient déjà au pouvoir de l'ennemi, je formai ma ligne de bataille de manière à lui présenter un front redoutable. Le feu soutenu du dixième bataillon d'Orléans, des bataillons de l'Union, de l'Egalité et du Vengeur, le força de reculer et le fit jeter sur ma droite.

« Marceau, voyant faire ce mouvement et s'apercevant que les colonnes de l'ennemi tenaient moins d'ordre, crut que c'était le moment de charger avec la cavalerie qui était au centre. Il fit tout ce qu'il put pour l'ébranler, elle s'y refusa ; et, par des prétextes aussi coupables que frivoles, elle chercha à colorer sa criminelle lâcheté. »

Lecomte essaie une seconde fois d'ébranler les colonnes ennemies, avec le concours des bataillons de la Charente-Inférieure, mais la cavalerie refuse encore de donner, et « l'épaisse fumée, jointe aux ombres « de la nuit qui commençait à obscurcir l'horizon, per- « mettait à peine de se reconnaître. » Bientôt la confusion devint générale ; vendéens et républicains mélangés se fusillaient indistinctement dans l'obscurité ; les corps de troupe avaient disparu ; on ne voyait plus que des combats singuliers.

« Je pris alors, dit Lecomte, le parti de me retirer à la faveur des ténèbres en passant au milieu des brigands. Je me frayai un chemin dans des bois qui m'étaient inconnus, et je

---

1. Commandé par le lieutenant colonel Bard, nommé peu de temps après général de brigade. (Note de Savary.)

sauvai les débris d'une armée brave, mais malheureuse... Le combat, commencé à cinq heures et quart, n'a fini qu'à neuf heures et l'on a peu d'exemples d'un feu aussi vif, aussi meur-trier, de mousqueterie et d'artillerie. Les soldats se sont bat-tus corps à corps, et l'arme blanche doit avoir causé beau-coup de pertes à l'ennemi... Si, au moment d'une victoire éclatante, un général fait l'éloge de ceux qui y ont contribué le plus, il n'est pas moins de son devoir, après un échec, de faire connaître ceux qui ont donné des preuves de grand cou-rage. Je dois donc rendre justice au dixième bataillon de la formation d'Orléans commandé par Bard, au bataillon le Ven-geur par Monet, au troisième des Deux-Sèvres par Prunier et au sixième de la Charente par Sagot. Mon adjudant-géné-ral Marceau, mon aide de camp, Serret, et le citoyen Périot, adjoint, m'ont secondé de tous leurs efforts dans cette mal-heureuse journée en cherchant à rallier les divers corps à mesure qu'ils se débandaient. »

Les troupes de l'armée catholique et royale, eni-vrées de ce succès, souillèrent une fois de plus leurs armes par des exécutions que rien n'excusait d'après les lois mêmes de la guerre. Les prisonniers furent mis à mort, et, parmi eux, l'intrépide Monet, men-tionné plus haut par Lecomte, auquel il avait suc-cédé dans le commandement du bataillon le Vengeur. Ni Monet, ni son bataillon n'avaient commis d'excès; on n'avait à leur reprocher que leur bravoure.

La lutte conservait ainsi le caractère que lui avaient donné les royalistes dès les premiers jours du soulè-vement, et avant que les rigueurs de la répression n'eussent été exercées contre les rebelles. Aussitôt maîtres de Machecoul, dès le 10 mars, les insurgés s'étaient livrés pendant plusieurs semaines aux bar-baries les plus révoltantes. Plus tard, après la reprise de Châtillon (5 juillet), ils avaient massacré les pri-

sonniers par centaines, dans la ville, dans les champs
et sur les chemins, et l'on put craindre que la décom-
position d'une multitude de cadavres en plein air
n'engendrât une violente épidémie (1). Il semblait
légitime aux vendéens de livrer à un pillage en règle
les communes patriotes ; Lescure lui-même, « le saint
du Poitou », avait autorisé celui de Parthenay (2).

Ce sont là des faits que les historiens royalistes
eux-mêmes ne méconnaissent pas. De Beauchamp,
très sympathique aux vendéens, dit que, jusqu'au
22 avril, le sang des républicains ne cessa de couler à
Machecoul. « On ne les assommait plus, on les atta-
chait à une corde qui les liait l'un à l'autre par le
bras, ce que les assassins appelaient leur chapelet.
Les victimes étaient ainsi traînées dans la cour du
château, placées à genoux au bord d'un fossé profond, et impitoyablement fusillées. On achevait ceux
qui n'avaient pas reçu de coups mortels. Joubert, président du district, eut les poignets sciés et périt sous
les coups [de fourches et de baïonnettes. On enterra
des hommes vivants, et, à la reprise de la ville, on
vit encore dans une vaste prairie voisine, qui servait
de tombeau aux républicains immolés, un bras hors
de terre dont la main, accrochée à une poignée
d'herbes, semblait celle d'un spectre qui s'était efforcé
vainement de sortir de la fosse (3). »

Crétineau-Joly décrit les mêmes horreurs, y com-

1. Crétineau-Joly, *Histoire de la Vendée militaire*, 5ᵉ édition, Paris,
1865, t. I, p. 194.

2. Muret, *Histoire des Guerres de l'Ouest*, Paris, 1848, t. I, p. 258.
— *Mémoires de Pierre Devaud* sur les Guerres de la Vendée, publiés par l'abbé Augereau, Nantes, 1882.

3. Alph. de Beauchamp, *Histoire de la Guerre de la Vendée*, 4ᵉ édition, Paris, 1820, t. I, p. 101 et s.

pris les chapelets républicains imaginés par les
catholiques royalistes, « barbare initiative, dit-il,
qui peut-être révélera à Carrier les mariages républicains. » Le même écrivain ultra-royaliste ajoute :
« Ici, comme dans une partie de la Bretagne et du
Maine, on verra des femmes, suivant l'exemple des
druidesses, s'attacher à leurs parents qui vont combattre, puis, avec des faucilles recourbées, ouvrir le
ventre de leurs ennemis tombés, et chercher dans
leurs entrailles le reste de vie qu'y ont laissé les
balles ou les baïonnettes vendéennes (1). »

De telles atrocités appelèrent d'inévitables représailles non moins contraires à l'humanité. Les
mesures militaires de destruction, décrétées par la
Convention le 1er août (2), et celles qu'entraînaient les
nécessités ordinaires de la guerre exaspérèrent de
plus en plus les fureurs ainsi déchaînées. Il y eut toutefois, mais trop rarement, de beaux traits de générosité et de grandeur d'âme, et des exemples méri-
toires de modération furent donnés des deux côtés.

La Convention nationale avait décidé, le 1er août,

1. Crétineau-Joly, ouvrage cité, t. I, p. 122 et s.

2. Article 6 du décret du 1er août 1793, relatif au mesures à prendre contre les rebelles de la Vendée : « Il sera envoyé par le ministre de la guerre des matières combustibles de toutes les espèces pour
« incendier les bois, les taillis et les genêts. — Art. 7. Les forêts
« seront abattues, les repaires des rebelles seront détruits, les récol-
« tes seront coupées par les compagnies d'ouvriers pour être portées
« sur les derrières de l'armée, et les bestiaux seront saisis. » — Ajouter toutefois : « Article 8. Les femmes, les enfants et les malades
« seront conduits à l'intérieur ; il sera pourvu à leur subsistance et à
« leur sûreté avec tous les égards dus à l'humanité. » Et article 2 du
décret du 27 juillet : « La même peine (la mort) sera appliquée con-
« tre ceux qui se seront rendus coupables de viol, ou de pillage dans
« les propriétés des citoyens. »

que la garnison de Mayence, devenue disponible par
la capitulation de cette place, mais sous la condition
de ne pouvoir être employée qu'à l'intérieur, serait
transportée dans l'ouest, pour y concourir à l'anéan-
tissement de la rébellion. C'était un renfort de plus
de douze mille soldats aguerris. Il pouvait soit dou-
bler, et au delà, la petite armée des Côtes de Brest
sous les ordres de Canclaux, soit au contraire s'ad-
joindre à celle des Côtes de la Rochelle, plus nombreuse, mais dirigée par Rossignol. Sa destination
dépendait en partie de celui des deux plans en présence qui serait adopté. L'un consistait à marcher
directement de l'est à l'ouest, de Saumur, où l'on se
trouvait, sur Cholet, qui n'en est guère qu'à soixante
kilomètres, et à frapper immédiatement au cœur du
Bocage, foyer principal de l'insurrection. D'après
l'autre plan, il fallait transporter la base des opérations à Nantes, où aurait d'abord à se rendre la
colonne de Mayence, et on reviendrait de l'ouest sur
Mortagne et Cholet, pendant que, du sud et de l'est,
les divisions des Côtes de la Rochelle, par un mouvement concentrique, investiraient la région insurgée
 Le Comité de Salut public, après quelques hésitations, laissa le soin de trancher la question à un conseil de guerre, composé des représentants et des généraux, et qui se tint à Saumur le 2 septembre. Bien
que Rossignol, pour écarter toutes considérations
personnelles, se fût très loyalement déclaré prêt à
servir sous les ordres de Canclaux, si le plan de
marche par Saumur était adopté, ce fut l'autre plan
qui prévalut ; il entraînait l'attribution des mayençais à Canclaux et à l'armée de Nantes, mais il comportait en même temps des opérations préliminaires
et des causes de retard, que les catholiques royalistes

très renseignés sur ce qui se passait, ne manquèrent pas de mettre à profit.

C'est ainsi que trois jours plus tard, avant même de commencer le mouvement qu'elle devait faire, l'armée de Chantonnay avait été surprise et obligée de battre en retraite, dans les circonstances que nous avons racontées aux pages précédentes. Pendant ce temps, les mayençais se transportaient de Saumur à Nantes, où l'avant-garde, commandée par Kleber, entra le lendemain de l'affaire de Chantonnay.

L'arrivée de la colonne de Mayence fut fêtée à Nantes comme elle devait l'être. Toutefois les sentiments qu'elle inspirait n'étaient pas sans mélange. L'entrée en scène des mayençais changeait quelque peu la physionomie des armées. Déjà, lors de la formation d'Orléans, les nouveaux bataillons d'élite, renfermant une forte proportion d'anciens soldats, avaient semblé d'un civisme insuffisant en comparaison des troupes révolutionnaires arrivées de Paris (1). Des préventions analogues se manifestèrent à l'égard des mayençais. Ceux-ci donnèrent quelque ombrage par leur fusion incomplète avec le reste de l'armée, le sentiment peut-être trop affiché de leur supériorité, leur dédain mal dissimulé pour des personnages alors en faveur, et leur attachement légitime, mais un peu exclusif, à leurs chefs. De là entre les divers corps un manque de solidarité, ou même un antagonisme aussi fâcheux au point de vue militaire qu'au point de vue politique, et qui dura jusqu'au jour où le Comité de Salut public jugea néces-

1. V. Réflexions de Mercier du Rocher, rapportées par Chassin, t. I, p. 563 et s.

saire d'amalgamer les mayençais avec les autres troupes.

Le prestige spécial de la colonne de Mayence a peut-être fait quelque tort aux autres armées de l'Ouest, qui ne la valaient sans doute pas, mais qu'on a parfois jugées trop sévèrement, Ce fait s'expliquerait par plusieurs raisons. La crainte qu'inspirèrent d'abord ces nouveaux et redoutables adversaires venus des bords du Rhin en fit tout particulièrement le point de mire des récriminations royalistes, et les exagérations souvent extravagantes des mémoires vendéens ont laissé leur trace chez certains historiens, qui ont imputé aux mayençais des violences imaginaires. En réponse à ces diatribes, les amis de la Révolution dépeignirent, et non sans raison, la colonne de Mayence comme une des plus méritantes parmi les armées républicaines. Au dénigrement systématique, on opposa l'apologie et la glorification. Ces soldats qui, après quatre mois d'un blocus devenu légendaire (1), n'étaient sortis de la place assiégée qu'avec les honneurs de la guerre, avaient d'ailleurs à leur tête non seulement un sympathique et vaillant capitaine comme Aubert-Dubayet, des chefs intrépides comme Haxo et Jordy, des héros comme l'enthousiaste et chevaleresque Michel Beaupuy, mais encore un homme appelé à briller au premier rang de nos gloires militaires, Kleber, et Kleber se constitua l'historiographe de cette armée, dont l'honneur était solidaire du sien (2). Dans l'Iliade

1. V. le volume intitulé *Mayence, 1792-1793*, dans la troisième série des *Guerres de la Révolution* par Arthur Chuquet. L'auteur a complètement renouvelé cette partie notre histoire.

2. Le début du manuscrit de Kleber est caractéristique. « La guerre « de la Vendée présageait l'avenir le plus funeste pour les armes de

vendéenne, les exploits des Mayençais, racontés par Kleber, dominèrent nécessairement tout le reste.

Si la loyauté d'un tel narrateur est indiscutable, on doit cependant reconnaître que son récit n'est pas exempt de passion. Kleber était justement fier de ses compagnons d'armes et de lui-même. Très susceptible et très irritable (1.), les froissements qu'il

« la République lorsque la commune de Tours vit arriver dans ses
« murs les troupes composant la ci-devant garnison de Mayence. »

1. Les grandes figures de la Révolution ne seraient pas diminuées si on les examinait avec moins de fétichisme et plus de liberté d'appréciation. Un héros comme Kleber n'a pas besoin du masque banal qui dissimulerait certains côtés originaux de sa physionomie. Il peut, sans y perdre, être vu complètement. Kleber, ayant les défauts de ses qualités, était naturellement fort agressif, et lorsqu'une cause d'irritation s'ajoutait à cette disposition naturelle, il dépassait facilement la mesure. Le général Pajol, dans sa *Vie de Kleber*, ne peut s'empêcher de noter avec regret son esprit caustique. « Son grand tort était de blesser sans nécessité, » dit le biographe, et il constate que « la « pente de son caractère l'entraînait à juger trop facilement les pouvoirs « dont il recevait les ordres. » D'autres admirateurs de Kleber, et non des moins fervents, apprécient plus sévèrement son caractère, (V. Alfred Barbou, *Les généraux de la République*.) L'orgueil extraordinaire et l'indiscipline absolue qui avaient signalé sa turbulente jeunesse restèrent le fond de sa nature. Intrépide, clairvoyant, magnanime sur le champ de bataille, il se montrait ensuite satirique, frondeur et parfois injuste au point de décourager les amitiés les plus dévouées. Un de ses illustres rivaux serait allé, dit-on, jusqu'à le qualifier de « langue de vipère, ayant perverti la moitié des officiers « de l'armée. » On connaît les attaques que, durant la campagne d'Egypte, Kleber dirigea contre son chef Bonaparte auprès du Directoire exécutif. Toutes ces circonstances, sur lesquelles on se reprocherait d'insister, laissent entière la gloire de l'homme d'action et du grand capitaine, mais autoriseraient peut-être quelques réserves en ce qui concerne les récits de l'historien. On ne hasarde ces réflexions que par scrupule d'exactitude, sans avoir l'illusion que personne refasse jamais un tableau tracé tout d'abord par Kleber et constamment reproduit depuis lors. Au surplus, quand même il au-

éprouva en Vendée ne s'effacèrent jamais de son sou-
venir (1). Il écrivait à une époque où son mécontentement était extrême et avec cet esprit excessivement
satirique qui lui était habituel. On ne peut lui
demander de rendre justice à tous (2) en tenant la

rait accrédité certaines exagérations, les légendes bien établies ne
sont-elles pas une forme de l'histoire ?

1. Kleber parle du généralat avec un certain détachement. « C'était,
« dit-il, dans ce temps-là, comme on sait, un brevet pour marcher à
« l'échafaud, ou, ce qui était pis encore, pour gémir dans une prison
« le glaive suspendu sur la tête. » Général en chef provisoire pendant
quelques heures, et remplacé par L'echelle, il conseilla ensuite de
choisir Chalbos à raison de ses quarante ans de services, du « ton de
« commandement » qu'il possédait, et « en le faisant assister du
« conseil des autres généraux, lorsqu'il s'agirait d'une opération im-
« portante. » (Chassin, t. III, p. 248). Quand Marceau fut chargé du
commandement en chef, Kleber l'appuya en déclarant que son jeune
ami n'entreprendrait rien sans se concerter avec lui. (Ibid. p. 327). Il
semble qu'ayant conscience de sa supériorité, Kleber tint à la réalité
plutôt qu'au titre du commandement en chef. Mais, à ce point de vue
même, il rencontra des difficultés qui l'irritèrent, débutant par un
échec à Torfou, sentant la suspicion peser sur les mayençais, obligé
de se subordonner à un chef comme L'echelle, voyant plusieurs fois
ses plans repoussés ou dédaignés, destitué un instant par le ministre
de la guerre, et menacé même de la guillotine par les représentants.
(Ibid. p. 389.)

2. Les termes violemment injurieux qu'emploie Kleber à l'égard du
ministre Bouchotte et de certains généraux enlèvent, semble-t-il, quelque chose à l'autorité de ses jugements. Qualifier d'inepte le ministre
de la guerre qui eut, il est vrai, le tort de le faire un instant destituer, mais qui, choisi à l'unanimité par la Convention, a suffi, au
milieu du désarroi général, à la tâche immense d'organiser les armées
de la Révolution et de les faire combattre simultanément sur tant de
points divers, c'est un peu sommaire et vraisemblablement injuste.
Quand on a compulsé l'énorme correspondance des armées, annotée
au jour le jour de la main du ministre avec ses observations, ses
instructions, les ordres donnés, les mesures prises dans une foule
d'affaires se présentant à la fois à son examen, on est plutôt porté à
croire que Bouchotte, officier expérimenté, doué d'une puissance de

balance égale entre les différentes armées républicaines.

Savary, l'auteur souvent cité des *Guerres des Vendéens et des Chouans*, attaché vers le milieu d'octobre 1793 à l'état-major de Kleber, ne fit que commenter, à l'aide des documents, ces *Mémoires* d'un chef pour lequel il avait gardé un culte affectueux. Son ouvrage se trouve ainsi consacré en grande partie à la défense des mayençais et à la justification des plans de Kleber, plans auxquels Savary tenait d'autant plus qu'il y avait collaboré et en avait même rédigé quelques-uns. Très abondant en renseignements, ce travail a servi de base à beaucoup de ceux qui ont suivi; nombre d'écrivains, se bornant à le résumer, n'ont pu que s'inspirer des mêmes considérations. — Grille, qui a introduit dans l'histoire de la Vendée en 93 des éléments nouveaux et personnels (1), a voulu, lui aussi, plaider la cause des mayençais. Il s'écrie (t. III, p. 10) : « On ne se lasse point d'attaquer l'armée de Mayence, je ne me lasse point de la défendre. » — Il faut ajouter que Kleber,

travail considérable, a dépensé en un an, pour la défense militaire de la République, une somme d'efforts, d'énergie et de connaissances, dont beaucoup de soldats plus illustres n'auraient peut-être pas été capables. Que la politique proprement dite l'ait parfois inspiré fâcheusement, c'est une autre question, et pour la résoudre il faudrait encore rechercher si la situation du moment n'obligeait pas le ministre de la guerre à certaines complaisances et à certaines compromissions, pour mener à bien l'œuvre essentielle qui lui incombait, et dont dépendait l'avenir de la patrie.

1. Grille, *la Vendée en 1793*, 3 vol. in-8°, Paris, 1851-1852. — Fr. Grille était né à Angers le 29 décembre 1782. On lui doit des documents intéressants, dont il n'indique généralement pas la source, mais que garantissent son érudition spéciale et la probité manifeste de sa plume. Quant à ses souvenirs personnels et aux traditions qu'il a recueillies, leur valeur historique est moindre.

avec la puissance d'attraction dont il savait user en certains cas, avait immédiatement entraîné dans son orbite le jeune général Marceau, auquel il fit fraternellement sa part de gloire dans les opérations militaires, et plus tard dans ses *Mémoires*. Il en résulta que ces deux grandes figures, célébrées à l'envi par l'histoire et par la légende, reléguèrent à l'arrière-plan toutes les autres, et que les valeureuses légions de Mayence parurent seules personnifier l'héroïsme républicain.

Il y eut pourtant, dans cette guerre, d'autres soldats et d'autres chefs dont on peut affirmer qu'ils ont bien mérité de la patrie. Marceau lui-même s'était formé dans l'armée des Côtes de la Rochelle. Boulard, l'ancien commandant de la division des Sables d'Olonne, avait été un soldat irréprochable (1). Les généraux Chambon, Lecomte, Blosse, Moulin jeune, moururent en braves (octobre 1793 à février 1794). Moulin aîné, le futur directeur, fut un bon et loyal serviteur de la Révolution, assez modéré envers les vaincus pour se faire emprisonner par Carrier, assez ferme devant les victorieux pour s'opposer au dix-huit brumaire. La furia guerrière de Westermann, encore qu'un peu désordonnée, promettait peut-être un second Kléber (2). Canclaux, à qui des occasions plus éclatantes ont pu faire défaut, ne fut-il pas dans ces années tumultueuses, un type parfait d'honneur et de patriotisme ? Appartenant par sa famille à l'ancien

1. Son rôle et ses mérites ont été mis en relief par Chassin, *Vendée patriote*, t. I et II.

2. On ne parle pas ici de beaucoup d'autres, dont les états de services, avant ou après la guerre de Vendée, contiennent les titres les plus incontestables à l'estime de l'histoire.

régime, il était, sous la Révolution, resté fidèle au
service du pays. Devenu, après une carrière déjà
longue, successivement maréchal de camp, lieute-
tenant-général, général en chef, il apporta dans ces
fonctions non seulement la supériorité des talents et
la variété des aptitudes, mais un sentiment très élevé
du devoir militaire. Lorsque Nantes, après avoir repoussé les royalistes, se livre à une manifestation
girondine et fédéraliste, avec l'adhésion du général
Beysser, qui commandait la ville, Canclaux, le ci-
devant, fait savoir nettement aux autorités nantaises
qu'il ne peut s'associer à leurs délibérations, « parce
« que la force armée ne peut être délibérante,et'qu'il
« ne saurait se lier à des mesures qui risquent d'être
« contraires au vœu de la Convention nationale, et
« d'élever contre son pouvoir un pouvoir particu-
« lier. » En rendant compte à la Convention des
succès que l'armée des Côtes de Brest avait obtenus
dans les derniers jours d'août, les représentants du
peuple ajoutaient : « Canclaux et Grouchy ont déposé
« entre nos mains le serment que, quoique nés d'une
« caste ci-devant privilégiée, ils n'abandonneront le
« poste où la confiance de la République les a placés
« qu'au moment où elle jugera leur ostracisme néces-
« saire, et que l'adoption de cette mesure ne dimi-
« nuera en rien l'amour et la foi qu'ils lui ont jurée. »
Recevant sa lettre de rappel le jour même d'une victoire Canclaux répondit aussitôt : « Je me retire
« avec la soumission d'un républicain, qui ne sert sa
« patrie que quand et comme elle veut être servie. »
Moins d'un an après, il reprit son poste avec la même
simplicité qu'il l'avait quitté. Quand il fut en butte,
de la part de l'agent royaliste Puisaye, son ancien
ami, à une tentative de corruption qui aurait com-

promis tout autre, il s'en expliqua avec tant de franchise qu'il conserva sans difficulté la confiance du gouvernement. Les soupçons les plus ombrageux s'évanouissaient devant la rectitude de sa conduite, et il réussit le premier à pacifier, au moins provisoirement, les pays insurgés, puisque c'est sous son commandement que les représentants purent faire signer à Charette le traité de la Jaunaye. Général distingué, administrateur habile et intègre, aussi modeste que brave, aimé de ses inférieurs et de ses camarades, respecté de tous, Canclaux, éclipsé par la gloire ultérieure de ses grands rivaux, Kleber, Marceau et Hoche, n'a peut-être pas obtenu, dans l'histoire même des guerres de l'Ouest, toute la part qu'il mériterait (1).

L'adoption du plan du 2 septembre donnait à Canclaux la responsabilité principale dans la conduite des opérations qui allaient commencer. L'armée de Nantes, renforcée des mayençais, devait reconquérir tout d'abord la Vendée maritime, domaine de Charette, puis s'avancer en plusieurs colonnes sur le Bocage, où convergeraient de leur côté les corps de l'armée de la Rochelle, qui formaient un vaste demi-

1. Ambassadeur à Naples, puis inspecteur de la cavalerie, Canclaux devint sénateur en 1804. Nommé à la pairie le 4 juin 1814, il refusa de siéger à la Chambre des Pairs pendant les Cent-Jours, et mourut, à l'âge de 77 ans, en 1817. Pour avoir adhéré à la Révolution et l'avoir servie loyalement, il ne se considérait évidemment pas comme un homme politique lié à telle ou telle forme de gouvernement. Ce n'est pas un républicain, c'est un soldat qui, dans les circonstances les plus difficiles, a montré des qualités républicaines. Au surplus il n'est guère d'existences un peu longues qui présentent une parfaite unité, et c'est surtout d'après la période active et militante qu'il convient d'apprécier les hommes.

2.

cercle autour des insurgés depuis les Sables d'Olonne jusqu'à Saumur. Canclaux et Rossignol arrêtèrent en commun, le 3 septembre, la marche et les opérations de leurs deux armées, dont ils décidèrent que la jonction aurait lieu le 16 septembre à Mortagne.

La gauche extrême de l'armée des Côtes de la Rochelle, c'est-à-dire la division des Sables d'Olonne, commandée par le général Mieszkowsky, ancien lieutenant de Biron, devait donner la main à la droite de l'armée des Côtes de Brest, et l'aider à nettoyer la région voisine de la mer. Le plan signé par les deux généraux indiquait ensuite les opérations de ce qu'il appelait encore la division de Chantonnay. Deux jours plus tard cette division, obligée de lever le camp, comme nous l'avons vu, devait devenir la division de Luçon. Voici le rôle qui lui était assigné :

« La division de Chantonnay sera chargée de balayer tout le pays qui se trouve entre Chantonnay et la Roche-sur-Yon, de manière qu'elle ne laisse aucun ennemi derrière elle et que ses subsistances soient assurées. Les postes de la gauche correspondront directement avec ceux du corps commandé par le général Mieszkowsky.

« La même division de Chantonnay enverra occuper les postes de Mouilleron et de Bazoges, de la manière qui lui sera prescrite par le général Chalbos. »

Plus loin à l'est, la division Chalbos devait se porter sur la Chataigneraie et y arriver le 14, en faisant correspondre ses postes de gauche avec ceux de la division de Luçon-Chantonnay, et ses postes de droite avec la division Rey, qui devait entrer à Bressuire le 14.

Le programme tracé à l'ancienne division de Chantonnay consistait donc à se porter au nord, en se dé-

ployant surtout sur la droite et en fouillant le Bocage
vendéen, particulièrement accidenté dans cette partie.
Son contact étant établi, le 14, avec Mieszkowski à
gauche et Chalbos à droite, elle s'avançait sur Mortagne, pour s'y rencontrer, le 16, avec les autres
corps des deux armées.

On pouvait craindre que l'affaire du 5 septembre,
en désorganisant la division, et en l'obligeant à rétrograder de près de cinq lieues, ne rendît impossible
l'exécution de ce programme. Il n'en fut rien. On re-
connut bientôt que les pertes étaient moindres qu'on
ne l'avait pensé. Des troupes et de l'artillerie, qui
avaient battu en retraite dans la direction de la Roche-
sur-Yon, rallièrent Luçon, et permirent de reconstituer promptement la division.

Cette tâche incomba au général Beffroy. Dès les
jours précédents, le ministre de la guerre Bouchotte,
avisé des mauvaises dispositions prises par le général Tuncq (1), avait chargé Beffroy du commandement de la division de Luçon. Le nouveau commandant arriva à Luçon le lendemain de l'affaire de
Chantonnay.

Louis-Paul de Beffroy avait alors cinquante-six
ans. Page de la chambre de Louis XV dès l'âge de
neuf ans, lieutenant à seize ans, retraité en 1785
comme capitaine-commandant de Condé-Dragons, il
était, lors de la Révolution, rentré au service, dans
la garde nationale d'abord, puis dans la Légion Germanique, devenue plus tard la Légion de la Frater-

____

1. Chassin, t. II, p. 562. — Tuncq fut mis en état d'arrestation,
malgré sa belle victoire de Luçon du 13 août précédent, et resta
emprisonné jusqu'aux événements de thermidor.

nité (1). Le 7 juin 1793, un coup de pique vendéenne, reçu dans le ventre, lui avait fait une grave blessure et valu le grade de général de brigade. L'épuration des états-majors, par l'élimination des généraux nobles, étant imminente, Beffroy, malgré son civisme reconnu, ne se sentait plus toute l'autorité désirable pour assumer les responsabilités qu'entraînait le commandement de l'armée de Luçon. Au bout de quelques semaines il demanda instamment sa retraite, en se fondant sur son âge et ses infirmités.

Le court exercice de Beffroy fut néanmoins assez actif, et nous en avons la relation inédite dans le journal des ordres de la division de Luçon, resté entre les mains de Bard, qui prit ensuite le commandement. Ce journal va du 9 septembre au 13 octobre. Rien n'en a été publié ; il contient quelques détails et documents qui complètent ou rectifient d'une façon intéressante les pièces déjà connues et les récits des historiens.

Grâce à l'activité et au zèle de ses collaborateurs, auxquels il rendit plus tard hommage (2), Beffroy fut en état d'exécuter son mouvement en même temps que les chefs de l'armée de Nantes. Pendant que, au nord, les généraux Beysser et Kleber commençaient leur marche en avant, les 9 et 10 septembre, l'armée de Luçon se disposait à quitter aussi ses cantonnements. Voici les ordres que nous relevons à la date du 9 septembre :

« Le 9 septembre 1793, l'an 2e de la Rque.

« Ordre au commandant de la gendarmerie de faire partir

1. Chassin, t. II, p. 40. Augereau et Marceau avaient également fait partie de la Légion Germanique.

2. Dans son rapport au ministre, en date du 19 septembre. Savary, t. II, p. 155 et 156.

des patrouilles jusqu'à St-Herman (1) et de prendre des renseignements précis sur la position, le nombre et les desseins des ennemis autant que possible. Signé Beffroy.

« Il a été ordonné au con la Martinière, garde-magasin des subsistances militaires, de faire filer sur le pont de Moreille toutes les subsistances qui sont dans les magasins de Luçon, à la réserve de ce qu'il jugera à propos pour la consommation d'un jour.

« Le général de brigade commandant l'armée de Luçon.

Signé Beffroy.

« Même jour.

« Ordre au commandant de la place de faire fournir des cartouches de manière que chaque homme soit au moins pourvu de deux paquets. Signé Beffroy.

« Ordre à l'officier chargé de faire délivrer des cartouches de faire parvenir sur le champ celles qui sont aux Quatre Chemins et de les délivrer par bataillon.

« Même jour.

« Ordre aux municipalités de Naillé (2), Mouzeuil, Pouillé, Pétosse, le Langon et St Etienne, de sonner le tocsin et de se rendre de suite à la croisée des chemins, armés de toute espèce d'armes et emportant avec eux pour deux jours de vivres.

« Le gal de brigade. Signé Beffroy. »

1. St-Hermand est au nord de Luçon, à moitié chemin de Chantonnay. « L'église dédiée à St-Hermand, bâtie sur la rive droite de la Smagne, fut d'abord la seule qui existât dans le bourg; mais, postérieurement au quatorzième siècle, la chapelle du château fut érigée en paroisse sous le vocable de Ste-Hermine..... Pendant les guerres de la Révolution, le bourg n'eut presque pas à souffrir, ses habitants étant demeurés étrangers à l'insurrection royaliste. Le vieux levain protestant, encore très vivace alors chez les fils des vassaux mal appris du courtisan Dangeau, les éloigna du reste du but vers lequel tendait l'armée catholique. » (Benj. Fillon et O. de Rochebrune, *Poitou et Vendée*.)

2. Il s'agit de Nalliers, commune située à dix kilomètres environ à l'est de Luçon.

On voit, par ce dernier ordre, qu'à Luçon, comme à Fontenay et à Saumur, il était procédé à la levée en masse de la population. Toutes les communes réquisitionnées sont situées à l'est de Luçon, dans la direction de la Plaine et de Fontenay. Dans cette dernière ville, la veille, à dix heures du soir, les représentants du peuple Fayau et Bellegarde, instruits par le général Chalbos que les brigands formaient des attroupements considérables à la Chataigneraie, à Cheffois et à Bazoges, avaient pris un arrêté pour hâter le rassemblement des citoyens (1).

Cette levée en masse a été critiquée, et il est de fait qu'elle ne donna pas de bons résultats. Les contingents réunis au tocsin étaient souvent d'une fermeté douteuse; ils ne pouvaient être embrigadés convenablement; ils encombrèrent l'armée, ne rendirent pas de services et commirent des désordres. L'armée des Côtes de Brest s'abstint d'y recourir. Peut-être cependant n'était-il pas chimérique, si une organisation suffisante avait pu s'improviser, de s'adresser aux populations mêmes pour rétablir la paix dans le pays. Les communes patriotes ne manquaient pas dans la Vendée, et de bons éléments se rencontraient dans beaucoup de paroisses hostiles. Il était conforme à la politique générale de la Révolution de s'appuyer sur les masses populaires. La Convention ne disposait pas de cette centralisation qui porte aujourd'hui l'action directe du gouvernement dans les coins les plus reculés du pays et assure partout l'obéissance. Les autorités départementales et municipales jouissaient d'une véritable autonomie; elles n'étaient pas toujours d'un dévouement absolu. Il fallait donc

____

1. Chassin, t. III, p. 54, d'après les papiers de Mercier du Rocher.

pénétrer dans les couches profondes de la nation, y susciter et tenir en haleine le zèle et l'ardeur révolutionnaire, et faire collaborer tous les citoyens à la lutte gigantesque entreprise contre les ennemis du dehors et du dedans. De là les clubs, les sociétés populaires, les comités de surveillance, les missions de représentants chargés de stimuler l'opinion publique, l'appel immédiat à toutes les forces vives du parti de la Révolution, en un mot cette formidable surexcitation de tout un peuple qui, à défaut d'une préparation méthodique et des ressources ordinaires de la guerre, donna à la République assez d'audace et de puissance pour triompher de tous ses adversaires et imposer la paix à l'Europe.

Le 10 septembre, les ordres portent distribution des subsistances partie à la Maison-Rouge, à trois quarts de lieue au nord de Luçon, partie à la Chevalerie, à environ une lieue et demie au nord-est, dans la direction de Sainte-Hermine et Saint-Hermand et de Chantonnay. C'est à la Chevalerie que se trouve Bard, à la tête de son dixième bataillon de la formation d'Orléans. La garde nationale de Sainte-Gemme, commune voisine, est invitée à se rendre chez elle pour y recevoir les ordres du citoyen Bard. — Le chef d'état-major de l'armée, n'est autre que le futur héros de Fleurus :

« Ordre donné aux commandants de chaque corps de fournir leur état de situation et de le remettre dans le jour avant trois heures. Pareil ordre donné aux canonniers et garde-magasin de la place de fournir leur état et de le remettre au cen Tuny commandant l'artillerie légère.

« L'adjudant général chef de l'état-major, signé Marceau. »

« Du 11 7bre 1793.

« Le général de l'armée instruit qu'un grand nombre d'officiers et de soldats quittent le camp pour venir en ville, considérant combien un pareil abus peut devenir pernicieux à la chose publique puisqu'il peut compromettre le salut de l'armée par la proximité de l'ennemi, ordonne à tous les généraux de brigade, chefs de demi-brigades et commandants de bataillons de mettre la plus grande attention à ce que, sous quelque prétexte que ce soit, personne ne sorte de son emplacement sans une permission, celle des officiers signée du chef de demi-brigade au moins.   Signé Beffroy. »

Le 12 septembre, a lieu un conseil de guerre, réunissant les trois généraux de l'armée de Luçon : Beffroy, général en chef, Lecomte et L'echelle, généraux sous ses ordres. Le conseil de guerre reconnaît que rien ne s'oppose à la marche en avant, et qu'il y à lieu d'en aviser le général Chalbos qui, comme nous l'avons vu, devait, d'après le plan arrêté par Canclaux et Rossignol, se trouver le surlendemain à la Châtaigneraie, et mettre ses postes de gauche en correspondance avec l'armée de Luçon.

« Du 12 7bre 1793.

« Les trois généraux assemblés en conseil, délibérant sur le message du général Chalbos, et considérant que les dispositions proposées par ce général au général Rossignol l'étaient dans l'hypothèse, trop probable à cette époque, que la division de Luçon, affaiblie par l'échec du cinq, serait dans l'impossibilité d'effectuer le mouvement qui lui était assigné par l'arrêté du conseil de guerre tenu à Saumur le..... Considérant encore que le général Rossignol, qui approuva ces mesures, a raisonné dans la même supposition; Vu les circonstances ayant changé par le prompt ralliement de notre armée et par les valeureuses dispositions qu'elle manifeste;

« Nous estimons que nous pouvons faire le mouvement prescrit par le conseil de guerre du... et que le général

Chalbos, assuré de ce point, peut abandonner les dispositions par lui proposées dans sa lettre du.... doit se renfermer dans les dispositions générales arrêtées dans le même conseil de guerre; Et considérant en outre qu'il serait possible que le général Rossignol, en conséquence de l'approbation donnée par lui aux dispositions proposées par le général Chalbos, eût arrêté ou modifié les mouvements de la division du général Rey, nous estimons également qu'il serait bien que le général Chalbos lui écrive pour l'inviter à compléter son mouvement, et qu'ainsi la ligne fût rendue à sa première marche.

« Signé L'echelle, Lecomte et Beffroy.

« Même jour.

« D'après le résultat d'un conseil de guerre, ordre au général L'echelle de partir demain avec sa brigade composée d'infanterie et de cavalerie, et de suivre les marches et mesures arrêtées par ledit conseil.

« Même jour.

« Ordre au commandant des chasseurs du Nord de se porter demain, treize, avec sa troupe à St Herman. Il sera suivi par une partie des citoyens du pays et des environs en réquisition. »

L'echelle, avec 2500 hommes, partit immédiatement pour nettoyer la gauche entre Luçon et la Roche-sur-Yon.

Le 13 septembre, eut lieu la marche générale en avant sur Saint-Hermand, dans la direction de Chantonnay. Les Chasseurs du Nord, au nombre de 350, commandés par Joba, étaient chargés d'éclairer la route de Saint-Hermand; ils avaient avec eux quarante gendarmes. L'ennemi, au nombre de 400 hommes d'infanterie et de 200 cavaliers, se replia devant eux. Après les Chasseurs du Nord venaient soixante-quinze cavaliers de la Haute-Vienne et le dixième bataillon d'Orléans, commandé par Bard (1). Dès le même jour (2), Bard se porta sur la droite de l'armée, à près de deux lieues à l'est de Sainte-Hermine (3).

Le mouvement qui commençait ainsi avait à triompher des plus grandes difficultés. Aucune route n'existait alors dans le pays, sauf celle de Luçon à Sainte-Hermine, qui se continuait jusqu'à Chantonnay en passant au pont Charron, dont on a déjà vu l'importance stratégique. A l'est de cette route unique, on abordait une région accidentée où les voies de communication faisaient défaut. Le sol y est inégal et tourmenté, coupé de collines, de ravins et de ruisseaux. Les champs, toujours peu étendus, forment autant de petits clos, bordés de fossés et de haies vives, où des arbres nombreux mêlent leur branchage épais et bas aux épines et aux genêts, qui atteignent une hauteur considérable. Ces rideaux de verdure, multipliés et rapprochés, donnent à la contrée l'aspect d'une forêt, d'où lui est venu son nom de Bocage. Au milieu de ce bocage ininterrompu, et en guise de chemins, serpentaient, le long et en contre-bas des haies, des ornières profondes et boueuses creusées par le passage des charrettes, n'ayant que la largeur de celles-ci, et formant un inextricable labyrinthe, délaissé par les gens du pays pour les sentiers de traverse qui enjambent clôtures et palissades. Sur un pareil terrain toutes les surprises étaient à craindre. Les bourgs, peu accessibles, échappaient à toute surveillance, et à plus forte raison

1. Ordre de marche du 13 septembre (Journal de l'armée de Luçon).

2. Rapport du général Beffroy au ministre de la guerre, en date du 19 septembre. Savary, t. II, p. 156.

3. Sainte-Hermine et Saint-Hermand sont contigus et peuvent être pris l'un pour l'autre; voir page 33.

les nombreux hameaux, épars et cachés dans le
Bocage, et d'où, sur un signal donné par les chefs,
les blancs venaient en quelques heures se rassembler
au lieu indiqué, soit pour combattre en masse les
troupes républicaines, soit pour leur disputer le passage dans des embuscades. L'armée sentait, devant
elle, l'hostilité des populations, et sous ses pas les
pièges de toutes sortes. Quant aux châteaux, ils con-
stituaient pour la plupart les points de ralliement et
les forteresses des rebelles.

Lorsque les républicains eurent occupé la Chapelle-
Thesmer, ils trouvèrent en face d'eux les blancs fortement établis à Saint-Laurent-de-la-Salle, d'où il fallait les déloger.

« L'ennemi, dit Beffroy, posté à St Laurent, au nombre de
huit cents hommes d'infanterie et de deux cents de cavalerie,
semblait vouloir, en inquiétant mon flanc droit, s'opposer à
ma marche. Je le fis débusquer par le dixième bataillon de
la formation d'Orléans, à qui je fus obligé d'envoyer du renfort, les rebelles ayant résisté pendant quatre heures et fatigué nos troupes.... Ils ne purent résister à l'impétuosité
avec laquelle nos braves républicains les chargèrent pour la
dernière fois. Quarante d'entre eux mordirent la poussière,
et les soldats, fâchés d'avoir été arrêtés si longtemps, incen-
dièrent les deux châteaux et quelques maisons qui servaient
de repaires à ces brigands (1). »

« Ordre du 14 au 15 septembre 1793, l'an deuxième
de la République française une et indivisible.

« On battra la générale à quatre heures du matin. A cinq

1. Beffroy, général de brigade, à Rossignol commandant en chef ;
Chantonnay, le 17 septembre 1793, l'an 2° de la répub. faise une et indivisible, et 1er de la mort du tyran. Papiers de Rossignol aux Archives
hist. de la Guerre.

heures précises toutes les colonnes se mettront en marche.
L'avant-garde qui est à la Réorte, composé de la légion du
Nord, se portera sur le pont Charon. La colonne de droite se
portera aux ordres du général Lecomte jusqu'à St Martin du
Lard (1); et de là il divisera sa troupe en deux colonnes, sça-
voir : une colonne de droite, aux ordres du général Lecomte,
se rendra à Mouilleron, la colonne du centre à Bazoges. »

Cette seconde colonne était commandée par le
lieutenant-colonel Bard. Dans son rapport du 19 au
ministre de la guerre, Beffroy s'exprime ainsi :

« Je suis parti le 15 de St Hermand, en dirigeant ma petite
armée sur trois colonnes : celle de gauche, que je comman-
dais, sur Chantonnay; celle du centre, commandée par Bard,
sur Bazoges ; et celle de droite, commandée par le général
Lecomte, sur Mouilleron. »

Sur toute la ligne les colonnes commandées par
Beffroy, Bard et Lecomte, se heurtèrent à la résistance de l'ennemi, mais sur toute la ligne également
cette résistance fut vaincue, et les troupes occupèrent
les positions qui leur avaient été assignées, à Chantonnay, à Bazoges et à Mouilleron. Les trois colonnes
étaient ainsi de front, marchant vers le nord et balayant
tout le pays dans la direction de Mortagne. Lecomte, à
Mouilleron, était à proximité de la Chataigneraie où
devaient se trouver les soldats de Chalbos. A l'extrémité gauche de l'armée de Luçon, L'echelle opérait
dans le voisinage de l'armée des Sables d'Olonne, qui
avait aussi effectué son mouvement; mais il n'avait
pas donné de ses nouvelles.

« A chaque tête de colonne, dit Beffroy dans son rapport

1. St Martin l'Ars.

au ministre, nous avons trouvé l'ennemi, qui a toujours été repoussé et battu. J'ai fait brûler, sur la direction de Chantonnay, le village et le château de Sigournay où les brigands m'avaient pris deux hommes d'une patrouille de cinq, qu'ils ont emmenés. Il était tard; je ne pus les attaquer ce jour-là mais le lendemain matin, malgré une pluie horrible, je fis attaquer le village et le château; le poste fut enlevé et le feu y fut mis de suite. »

Cet incendie, ordonné par le général en chef et exécuté par sa propre colonne, trouve son commentaire dans une proclamation qui figure au journal d'ordres de l'armée de Luçon, et qu'il nous paraît intéressant de publier.

« Du 15 septembre.

« Le général Beffroy à ses camarades d'armes.

« Le général étant décidé à mettre tout en usage pour purger le canton où est son armée de la horde de scélérats qui depuis trop longtemps infestent notre territoire, n'omettra rien de ce qui est prescrit par la loi pour venir à ses fins et nous rendre la paix.

Cette loi, qui lui enjoint de brûler et d'incendier les repaires des brigands, semble aussi lui défendre de toucher aux propriétés de ceux qui, trop faibles pour résister et s'opposer aux rebelles, n'ont pu que faire des vœux pour notre prospérité; et lui enjoint même de protéger ceux qui depuis six mois courent notre carrière, et, les armes à la main, travaillent à affermir la république et à anéantir nos ennemis.

« Le Général, craignant les effets de l'abus qui résulterait de la permission que chaque individu prendrait d'incendier indistinctement toutes les propriétés, et craignant que le mal qui en résulterait ne pût être mis en parallèle avec l'effet que s'est promis la Convention nationale en décrétant des mesures de cette rigueur, enjoint à tous commandants des corps qu'il commande, et sur leur responsabilité, de veiller à ce que qui que ce soit ne se permette d'incendier aucuns bâtiments sans en avoir reçu l'ordre exprès, le droit d'ordonner de pareils faits étant au général commandant l'armée, et ne pouvant dans aucuns cas être arrogé aux différents commandants de postes ou expéditions, que dans le cas où cela serait jugé nécessaire pour la prospérité de nos armes et pour le salut de nos frères d'armes, à la charge par eux de rendre compte des raisons qui ont pu les porter à en agir ainsi.

« Le Général ordonne en outre à tous les commandants de veiller à ce que le service se fasse exactement. La proximité de l'ennemi exige qu'il y ait toujours au camp une force suffisante pour s'opposer à ses entreprises, lui prescrit encore d'ordonner que les grandes gardes ne laissent sortir qui que ce soit du camp pour courir çà et là et s'exposer par une conduite indiscrète.

« Il espère que ses camarades ne se refuseront pas à répondre à l'invitation fraternelle qu'il leur fait de suivre ponctuellement le présent ordre, qu'il croit indispensablement nécessaire pour la prospérité de nos armes et le salut de la chose publique; et qu'ils ne le mettront pas dans le cas de prendre des mesures de rigueur qui répugnent à son cœur. »

Le décret de la Convention, que nous avons cité plus haut, ordonnait formellement l'emploi de l'incendie, et prescrivait que les repaires des rebelles seraient détruits. Mais, écrivait le ministre de la « guerre, le décret n'a eu en vue de faire porter la « vengeance nationale que sur ceux qui ont pris « les armes contre nous, que sur les communes qui, « réunies aux brigands, résistent à l'armée de la Répu- « blique ; telles sont aussi les intentions du Comité « de Salut public et du Conseil exécutif (1) » Dans l'armée des Côtes de Brest, Canclaux avait notifié aux

____

1. Savary, t. II, p. 101.

troupes un arrêté des représentants défendant l'incendie « à moins d'ordres donnés par eux-mêmes ou par les généraux (1) . » Beffroy prenait de son côté la même initiative. Seulement, bien qu'il datât ses rapports de la première année de la mort du tyran, et que son dévouement au régime nouveau ne fût pas douteux, le ci-devant page de la chambre du roi pouvait craindre de paraître entaché de modérantisme. De là peut-être le style assez peu militaire de son invitation fraternelle, qui laisse voir plus de bonne volonté que d'énergie.

A l'ordre du général en chef vint bientôt s'ajouter celui des représentants du peuple, Bellegarde et Fayau, qui prirent, le 19 septembre, un arrêté dans le même sens. Afin de surveiller l'exécution de ces dispositions et de fournir aux représentants du peuple et aux généraux tous les renseignements nécessaires pour éviter des méprises préjudiciables aux populations inoffensives, le conseil départemental de la Vendée désigna des commissaires qui devaient accompagner les différents corps de troupes. L'administrateur Amb.-J.-B. Martineau fut attaché à l'armée de Luçon. Des mesures semblables avaient été prises dans le département de Maine et Loire (2). Ces sages précautions atténuèrent un peu les effets des rigueurs prescrites par la Convention.

A la date où nous sommes arrivés, se produit un incident considérable, dont les historiens ont vivement discuté l'origine et les conséquences. Les divisions de Luçon, des Sables et de Fontenay, reçoivent

1. Savary, t. II, p. 76.
2. Chassin, t. III, p. 643.

tout à coup du général en chef de l'armée des Côtes de la Rochelle l'ordre de suspendre leur marche. La dépêche contenant ces instructions n'a pas été retrouvée, et sa teneur n'est pas exactement connue. « Cet ordre qui découvrit le flanc droit de Canclaux, dit Henri Martin, ne venait pas de Rossignol, malade à Saumur, mais de Ronsin. Rossignol le révoqua lorsqu'il le connut, mais trop tard pour en prévenir les conséquences. » Ronsin voulait, paraît-il, isoler l'armée des Côtes de Brest, et se réserver l'honneur de porter le coup décisif avec les divisions de Saumur. Si telle fut son intention, il n'aboutit qu'à faire battre à la fois les mayençais, la division des Sables d'Olonne et ses propres troupes, échecs multipliés qui le firent rappeler, mais compromirent en même temps plusieurs généraux, interrompirent la campagne commencée et obligèrent à renouveler plus tard des opérations déjà à demi effectuées.

« Le 18, à quatre heures du matin, dit Beffroy dans « son rapport au ministre, j'ai reçu l'ordre du général « en chef de me replier sur Luçon, en conservant les « postes du pont Charon, la Réorthe et Saint-Her- « mand. »

Bard était alors à Bazoges, où il avait pris ses mesures pour faire passer sur les derrières de l'armée les récoltes existant sur les territoires occupés. Le journal de l'armée de Luçon porte :

« Du 16 au 17 septembre. Ordre au commandant du poste de Sᵗ Philibert de requérir toutes les charrettes qui sont aux environs et de les faire filer à Bazoges, pour être employées au transport des grains, aux ordres du commandant Bard. »

Le 18 septembre, au lieu de l'ordre de marche en avant auquel tout le monde s'attendait, voici les ordres donnés :

« Du 18 7bre.

« Il est ordonné au général de brigade Lecomte de partir sur le champ avec la troupe qu'il commande, de prendre en passant à Bazoges les troupes aux ordres du commandant Bard, et se rendre à St Herman où il restera jusqu'à nouvel ordre. Il fera occuper les villages de Féaule et St Juire et le poste important du Pont Charaud, qu'il fera garder suivant les règles de l'art.

« Même jour.

« Ordre au commandant Bard de se tenir prêt à partir, d'attendre la jonction de la colonne aux ordres du général Lecomte pour se rendre à St Herman et rentrer sous les ordres du général Lecomte.

« Même jour.

« Ordre au commandant du bon du Var posté à St Philibert de se tenir prêt à partir, de se rendre au Pont-Charaud après un second ordre, et d'y rester jusqu'à ce qu'un troisième ordre l'en ait retiré. »

C'était un mouvement de retraite, qui reportait à environ trois lieues en arrière les colonnes du centre et de droite établies à Bazoges et à Mouilleron. Il ne s'exécuta pas toutefois sans des hésitations et des contre ordres, dont nous trouvons la trace dans notre journal. Le 21 septembre, Lecomte était renvoyé à Mouilleron, et Bard était chargé d'occuper Chantonnay ; puis un ordre subséquent appelait tous les corps de l'armée dans cette dernière ville ; et le 23 seulement, les troupes retournaient à Saint-Hermand et dans les environs.

3.

« Du 21 7bre.

« Ordre donné au g^{al} Lecomte d'aller reprendre son ancien poste à Mouilleron avec son armée, et de renvoyer le 10e bataillon de la formation d'Orléans à Chantonnay pour remplacer le 6e bataillon de la Charente inf^{re}, le 5e du Calvados et le 3e de la Vienne, qui ont reçu l'ordre de se rendre à Fontenay, pour aller à la Chataigneraie.

« Du 22 7bre (1).

« Ordre donné aux différents corps de l'armée de se rendre à Chantonnay suivant l'ordre de marche donné à cet effet.

« 23.

« Ordre donné pour que l'armée de Chantonnay et de Mouilleron retourne à St Hermand et dans les environs, suivant l'ordre de marche donné. »

Ce n'est qu'à partir de ce moment que l'armée de Luçon peut être considérée comme ayant définitivement effectué le mouvement de retraite qui lui avait été prescrit.

Pendant ce temps que se passait-il au nord de la Vendée? L'armée des Côtes de Brest, qui avait donné rendez-vous à Mortagne, pour le 16 septembre, à toutes les divisions des Côtes de la Rochelle, s'était mise en marche dès le 9. Beysser et Kleber, avec les mayençais, avaient passé par Port-Saint-Père, Machecoul, Legé, où douze cents patriotes, hommes, femmes et enfants, entassés dans les prisons, furent délivrés. Le 16 septembre, l'armée occupait Montaigu à six lieues environ à l'ouest de Mortagne, lorsque Canclaux reçut de Rossignol l'avis que les divisions de Saumur n'é-

---

1. Le second chiffre de cette date est un peu maculé par l'encre, mais on ne peut lire que 21 ou 22.

taient pas en mesure de se joindre à l'armée des Côtes de Brest.

Avis trop véridique; le 18 septembre, en effet, la division de Saumur, commandée par Santerre, avec les généraux Turreau, Chabot et Joly sous ses ordres, était complètement défaite à Coron. Le 19, c'était le tour de la division d'Angers, commandée par le général Duhoux, au Pont-Barré près de Beaulieu.

Un échec moins considérable, mais dont l'effet moral pouvait être grave, était essuyé le même jour, à Torfou, par Kleber lui-même, à la tête de l'avant-garde mayençaise (1). Les vendéens, encouragés par ce premier succès sur des adversaires particulièrement redoutés, se jetèrent, le 21, sur Montaigu, et y mirent en déroute le corps d'armée de Beysser, composé de soldats de l'armée de Nantes et de la colonne de Mayence. Canclaux dut ordonner la retraite sur Nantes; il fallut la plus grande énergie pour éviter que cette retraite ne se transformât en désastre.

Ce mouvement rétrograde laissait isolée la petite division des Sables d'Olonne, aux ordres de Mieszkowsky, arrivée, dès le 16 septembre, à son poste de Saint-Fulgent, à mi-chemin entre Chantonnay et Montaigu, et à proximité de la droite de Canclaux. Malgré les instructions qu'il avait reçues de son chef

1. On ne peut parler de Torfou sans rappeler l'héroïsme d'Antoine Chevardin, chef du bataillon des chasseurs de Saône-et-Loire. Kleber allait être cerné; il appelle Chevardin, lui montre le pont de Boussay et lui dit : « Prends une compagnie, poste-toi là, et arrête les blancs jusqu'à ce que vous soyez morts, toi et tes hommes » — « Oui, mon général, » répond simplement Chevardin. Tous furent tués, mais l'armée de Kleber était sauvée. Chevardin était né à St-Maurice en rivière (Saône-et-Loire) le 18 septembre 1768.

direct, Mieszkowsky n'avait pas cru devoir abandonner Saint-Fulgent sans un avis de Canclaux. Cet avis ne put lui parvenir à temps. Dans la soirée du 22 septembre, la division des Sables était attaquée et mise en déroute.

Ainsi de toutes parts avait échoué le plan des 2 et 3 septembre, et, le 24, les diverses armées se retrouvaient dans le *statu quo ante*.

Le journal des ordres de l'armée de Luçon ne contient, pour les jours qui suivent, que des dispositions intéressant la discipline : organisation de fortes patrouilles, difficulté d'approvisionner l'armée, interdiction aux soldats d'aller dans les campagnes pour marauder, responsabilité des chefs en cas de désordre, etc. Nous y trouvons aussi l'application de l'article 13 du décret du 1er août : « Les généraux n'emploieront désormais pour mots d'ordre que des expressions patriotiques et que les noms des anciens républicains ou martyrs de la liberté, et dans aucun cas le nom d'aucune personne vivante. » C'est ainsi que nous relevons : « Mot d'ordre du 26 au 27 septembre, Vive; ralliement, la République. — 29, mot d'ordre : Soyons unis ; ralliement, nous irons. — 1er octobre. Mot d'ordre : Exterminer; ralliement, les brigands. — 6 octobre. Mot d'ordre : Vaincre ou mourir. »

Aucune opération militaire n'est mentionnée au journal jusqu'à la fin de septembre. L'armée des Côtes de la Rochelle était à réorganiser. Ronsin, après avoir montré ce dont il était capable, était parti pour Paris. Rossignol, malade et insuffisant, devait recevoir une autre destination, de même que Santerre, battu à Coron. Turreau avait déjà été envoyé dans les Pyrénées-Orientales. Duhoux et Menou avaient cessé leur service. Grouchy allait quitter le sien, comme ci-devant noble suspect d'aristocratisme. Mieszkowsky, trahi par les événements, attendait sa suspension. Beffroy, fatigué, sollicitait sa mise à la retraite. Enfin le commandement suprême, dont la division avait présenté tant d'inconvénients, était heureusement concentré entre les mains d'un seul chef par la réunion du département de la Loire-Inférieure, et des forces qui l'occupaient, à l'armée des Côtes de la Rochelle, qui devenait l'armée de l'Ouest.

Au milieu de ces transformations, Kleber, Vimeux, Beaupuy et Haxo, les mayençais de l'armée des Côtes de Brest, furent confirmés dans leur grade de général. Dans l'ancienne armée des Côtes de la Rochelle, Bard se trouvait naturellement indiqué pour ce grade, qui lui fut conféré provisoirement le 2 octobre. Sa nomination fut régularisée dès le 4 octobre par le Conseil exécutif. Nous trouvons parmi ses papiers la lettre suivante du représentant Bellegarde.

> « La Chataigneraie, ce 2 octobre l'an deuxième de la république.
>
> « Le républicain représentant du peuple Bellegarde au républicain Bard, chef du dixième bataillon de la formation d'Orléans.
>
> « Vous invite à vous rendre de suite ici, pour vous donner le grade provisoire que vos talents militaires, votre bravoure et votre civisme bien prononcé vous ont mérité. Il me tarde aussi de vous donner quatre fois l'accolade fraternelle.
>
> « BELLEGARDE. »

Dubois de Bellegarde était connaisseur en matière

de bravoure. Il avait fait, avec une rare vaillance, cette guerre de Sept-Ans où l'humiliation de la France fut rachetée par l'héroïsme individuel. C'était l'époque du chevalier d'Assas. Bellegarde, étant cornette du régiment des hussards de Wurmser, soutint avec cinquante hommes l'effort de quatre mille ennemis pendant deux heures et demie, reçut dans l'action dix-sept coups de sabre et trois coups de feu, et en revint avec six de ses compagnons d'armes. En récompense de cette brillante conduite il fut créé chevalier de S¹ Louis. Resté à cinquante-cinq ans aussi énergique et aussi brave que dans sa jeunesse, et, de plus, ardent montagnard, Bellegarde fut un de ces missionnaires aux armées comme la Convention savait en trouver pour parler aux chefs avec autorité et donner l'exemple à tous. La vivacité de son caractère était extrême. Il avait débuté dans la vie militaire par un duel retentissant, et, à la fin de sa carrière parlementaire, il se fit mettre aux arrêts par le Conseil des Cinq-Cents pour avoir corrigé de sa propre main un journaliste diffamateur. Mais ses emportements n'excluaient ni la sagesse politique, ni la générosité. Partisan passionné de la Révolution, il avait su dans la Charente, où il était fort populaire, prévenir les excès et empêcher l'effusion du sang. Chargé en juillet de destituer Westermann, il voit celui-ci faire des prodiges de valeur à Châtillon, garde dans sa poche le décret de destitution, et vient défendre le général devant la Convention qui, sur sa proposition, décrète que Westermann a bien rempli ses devoirs. Quoique ci-devant noble et ancien garde du corps, Bellegarde inspirait à bon droit une confiance absolue par la franchise de son civisme et par son entier dévouement à la République.

Son second, comme représentant en mission, était Fayau, de la Vendée. Né en 1766, Fayau apportait dans ses redoutables fonctions toute la sincérité et toute l'exaltation de son âge. La foi patriotique et révolutionnaire l'enflammait tout entier. Apôtre convaincu de la régénération démocratique, ce proconsul de vingt-huit ans décrétait la vertu et chassait de Fontenay les femmes de mauvaise vie, « considérant que les républicains doivent donner l'exemple des bonnes mœurs et des vertus ; que l'ancien régime n'a pas été aboli pour que le peuple prenne les vices des ci-devant aristocrates ; qu'il doit au contraire se distinguer de ses ennemis par sa bonne conduite (1). » Quels qu'aient été les entraînements de sa parole, ses actes n'en confirmèrent point les exagérations et justifièrent au contraire la pureté de ses intentions. Il fut plus tard un de ceux qui, devant la réaction triomphante, ne renièrent pas les vaincus dont ils avaient suivi la politique, et figura parmi les derniers montagnards. Quelque temps après, il était atteint de consomption et, au commencement de 1799, il mourait en léguant à la ville de la Roche sur Yon sa bibliothèque et son costume de représentant, insigne des fonctions souveraines que lui avaient confiées ses concitoyens (2).

1. Cité dans l'*Inventaire des autographes de Benjamin Fillon*, par Etienne Charavay, n° 571. Arrêté du 7 octobre 1793.

2. D'après Mercier du Rocher et Dugas-Matifeux, cités par Chassin, t. III, p. 48.

CHAPITRE II

Opérations de l'armée de Luçon du commencement d'octobre à la bataille de Cholet (17 octobre 1793).

Canclaux, reprenant l'offensive, fait appel à l'armée de Luçon diminuée au profit de Chalbos. — Bard prend le commandement de l'armée de Luçon. — Kleber général en chef provisoire. — L'echelle général en chef; portrait satirique du nouveau général par Kleber. — On continue d'exécuter le plan de Canclaux. — Ordre de marche de l'armée de Luçon. — Adjonction des troupes de Blosse à l'armée de Luçon. — Marche en avant de cette armée. Proclamation du général Bard. — 13 octobre. Deux lettres du général en chef L'echelle. — Note militaire sur les pays traversés. — Les Herbiers. — Absence de documents originaux sur la suite des opérations de l'armée de Luçon. — Les royalistes battus par l'armée de Luçon à la Tremblaye. Le général vendéen de Lescure frappé mortellement. Bard grièvement blessé. — Brillante conduite de Marceau. Son rôle dans ces journées. Insuffisance des documents. — Entrée des républicains à Cholet. — Kleber en minorité au conseil de guerse. — Retour offensif des royalistes. — Bataille de Cholet d'après un historien militaire. — Rôle et harangues de Bard. Comparaison entre les récits des historiens.

L'armée des Côtes de Brest, à peine reconstituée sous Nantes, avait résolu de prendre sa revanche. Dès le 25 septembre, elle s'était remise en mouvement, pendant que Charette et ses contingents se séparaient de la grande armée catholique et royale, et

regagnaient la Vendée maritime en face de Noirmoutier. Le 1ᵉʳ octobre, Canclaux rétablissait son quartier général à Montaigu où, au témoignage de Kleber,
on retrouva dans le puits de la ville les cadavres des
soldats de Beysser, qui y avaient été précipités par
les vendéens. Le 3 octobre, Kleber venait en reconnaissance à Saint-Fulgent, à mi-chemin entre Montaigu et Chantonnay. Avant de s'engager plus avant
dans la direction de Tiffauges et de Mortagne, où elles
avaient rencontré, le 19 septembre, l'échec de Torfou,
les troupes de Mayence et de Nantes voulaient s'assurer le concours de celles de Luçon. Dans ce but,
Bouin de Marigny, avec trente chasseurs à cheval,
poussa à travers le pays insurgé une pointe audacieuse (1) qui le conduisit à Chantonnay d'abord, où
il ne trouva personne, puis à Sainte-Hermine, d'où il
dut revenir sur Mouilleron pour joindre les troupes
de l'armée de Luçon.

Ces troupes participaient alors à un mouvement
général destiné à réunir les divisions commandées
par Chalbos, à la Chataigneraie, et par Rey et Santerre, à Thouars et à Doué, en une seule armée qui se
concentrerait, le 7, à Bressuire pour marcher de là
sur Châtillon. La division de Chalbos devait être renforcée d'une grande partie de l'armée de Luçon, notamment du corps commandé par le général Lecomte.
Ces dispositions avaient été arrêtées par un conseil de
guerre tenu à Saumur dans la matinée du 2 octobre.
Le général en chef Rossignol avait écrit immédiate-

1. Bouin de Marigny était de la race de ces grands entraîneurs de cavalerie, dont les exploits sont restés fameux dans l'histoire militaire de
la Révolution et de l'Empire. Né en 1766, ses rares qualités annonçaient un général de premier ordre. Un boulet l'atteignit le
5 décembre 1793, près d'Angers. Il pria ses chasseurs de l'achever.

ment à Canclaux pour l'en aviser, en lui témoignant le désir de seconder les mouvements de l'armée des Côtes de Brest, dont la fusion avec celle des Côtes de la Rochelle, déjà décrétée, n'était pas encore connue.

Bard avait reçu à Féole, entre Sainte-Hermine et Chantonnay, l'ordre de se rendre à Mouilleron avec ses troupes. Le lendemain, il recevait celui de se rendre à Cheffois, entre Mouilleron et la Châtaigneraie, à la disposition du général Chalbos. Voici le texte de ces ordres que nous relevons dans le journal de l'armée de Luçon :

« Ordre de marche du 3 octobre 1793, l'an deuxième de la République française une et indivisible.

A neuf heures on battra la générale...La colonne qui est à Féole aux ordres du lieutenant-colonel Bard se mettra en marche à dix heures du matin pour se porter sur Mouilleron, et prendre poste en avant de Mouilleron, s'il y arrive le premier, ce qui est à présumer par le moins de terrain qu'il a à parcourir. Le cantonnement du Puy-Maufrai ainsi que la Réorthe seront compris dans sa colonne. Les hussards feront son avant-garde Il emmènera avec lui ses pièces de bataillon et ses effets de campement. Il recevra le pain pour deux jours, l'eau-de-vie pour un, et la viande ce soir en arrivant.

Le lieutenant-colonel Joba, commandant la Légion du Nord, partira (ainsi que les troupes qui sont à ses ordres) avec armes et bagages à une heure après midi du pont Charaud pour se rendre à Mouilleron. Il prendra poste à la gauche de l'armée entre Mouilleron et Bazoges... »

« Du 4 octobre 1793.

« Ordre donné au dixième bataillon de la formation d'Orléans, au dixième de la Gironde, au bataillon de l'Egalité, au troisième bataillon de la Charente-inférieure, et au soixantième régiment et à la Gendarmerie nationale, de se rendre à Cheffois sous les ordres du général de brigade Bard, d'après la demande du général divisionnaire Chalbos. »

Pendant que ces ordres s'exécutaient, le général en chef de l'armée des Côtes de Brest, avant de recevoir l'avis de Rossignol concernant les dispositions prises par le conseil de guerre tenu à Saumur le 2 octobre, avait écrit à Beffroy et à Mieszkowsky pour les inviter à diriger sur Saint-Fulgent toutes leurs forces disponibles, car sa position au milieu des ennemis commençait à devenir inquiétante. Miezkowsky fit connaître qu'il était dans l'impossibilité d'agir ; quant à Beffroy (1), sa division était affaiblie par le départ des corps envoyés à Chalbos, et que nous avons vus se diriger par Mouilleron sur la Châtaigneraie. Après sa visite à Mouilleron, Bouin de Marigny, de retour le 5 auprès de Canclaux, put renseigner celui-ci sur les causes qui avaient éloigné de sa droite une partie de l'armée de Luçon. Canclaux résolut de marcher hardiment vers l'est, et, le lendemain, il remportait la victoire de Saint-Symphorien, au moment même de recevoir la notification de sa suspension.

Le même jour, 6 octobre, pendant que le général Lecomte restait définitivement à la Châtaigneraie sous les ordres de Chalbos, le général Bard, avec le surplus de la division de Luçon, revenait défendre la région de Chantonnay.

« Du 6 octobre.

« Ordre au général Bard de partir pour Féole et faire occuper les postes du Pont Charon, la Réorthe et St Juire par les dixième bataillon de la formation d'Orléans, troisième de la Charente-inférieure, bataillon de l'Egalité, quatrième de l'Hérault et toute la gendarmerie. Ordre au dixième bataillon

---

1. Beffroy allait cesser son service comme noble ; il fut ensuite admis à la retraite, conformément à sa demande.

de la Gironde et au bataillon du Var de partir demain pour se rendre aux Sables. Mot d'ordre : Vaincre ou mourir. »

Canclaux étant rappelé et Rossignol transféré à l'armée des côtes de Brest, dont la Loire-Inférieure était désormais détachée, les troupes chargées de combattre l'insurrection vendéenne restaient sans chef. Le vieux mayençais Vimeux refusa d'assumer la responsabilité de généralissime. Kleber fut désigné. Les représentants du peuple à Nantes lui ordonnèrent, par arrêté du 7 octobre, de prendre le commandement en chef *provisoïre* de l'armée, et de se faire reconnaître à l'instant. « Je fis de vives réclamations dit Kleber dans ses *Mémoires*, ne voulant pas me charger d'un fardeau que je regardais au-dessus de mes forces. Ce qui me consola, ce fut l'espoir d'en être bientot déchargé. » Son exercice ne dura qu'un jour. Le nouveau général en chef L'echelle arrivait dans la soirée du 7 octobre à Nantes, et le lendemain au quartier général de Montaigu.

Comme lors de la nomination de Rossignol, le Conseil exécutif et le Comité de Salut public avaient tenu à placer un plébéien-à la tête de la nouvelle armée de l'Ouest. Il est à peu près universellement admis que le choix de L'echelle était le pire qu'on pût faire. Nous n'éprouvons pas la tentation d'ouvrir une controverse à ce sujet (1), les simples notes biographi-

1. Dans une étude volontairement condamnée à la publicité la plus restreinte on ne cherche pas à présenter des thèses historiques contredisant les écrivains autorisés, mais il est permis de ne pas accepter pour établi ce dont on n'a pas trouvé la confirmation dans les documents originaux. L'historien emprunte trop souvent à ses devanciers sans les contrôler. La version produite par ceux-ci est-elle con-

ques que nous consacrons au général Bard ne nous y autorisent pas et nous nous y sentirions insuffisamment préparé. Cependant, s'il paraît certain que le nouveau général en chef était inférieur à sa tâche, nous inclinerions volontiers à croire qu'il a été rabaissé plus que de raison, et que les attaques de Kleber ont ici dépassé la mesure. On a raillé l'ancien maître d'armes passé général; Augereau fut aussi maître d'armes, ce qui ne l'empêcha pas de se signaler sur vingt champs de bataille. L'echelle comptait plus de services militaires qu'un grand nombre de généraux de la République. Il s'était engagé dès qu'il en avait eu l'âge, et il avait appartenu à l'armée pendant plus de dix ans, jusqu'en 1788. Rentré au service lors de la Révolution, et devenu lieutenant-colonel en 1791, il avait été à Jemmapes et à Neerwinden. Au terrible blocus de Valenciennes, il était l'un des chefs de la garnison sortie avec les honneurs de la guerre. Quelques semaines après, on alla le chercher à Laon, pour lui confier les fonctions de général de brigade en Vendée. Originaire du pays (1), ancien habitant de

forme à telles ou telles tendances, et fait-elle mieux ressortir les personnages qu'il met en scène, il la considère volontiers comme acquise à l'histoire. Les légendes ainsi formées, et qui portent les uns au Panthéon, les autres aux Gémonies, sont d'autant plus tenaces qu'elles répondent nécessairement aux instincts et aux dispositions intellectuelles du public. La Révolution en a laissé un grand nombre après elle. La vérité gagnerait à ce qu'on les vérifiât en dehors de toute idée préconçue et de tout esprit de parti. Il ne serait pas impossible que des hommes dont la cause est abandonnée fussent fondés à en appeler de certains jugements sommaires et des sévérités excessives d'une opinion mal éclairée.

1. L'echelle était né, le 2 avril 1760, à Beaupréau, où son père était marchand.

Saintes, il est constant qu'il jouissait d'une réelle popularité dans la région, et inspirait confiance à ses compatriotes et à ses soldats (1). Le ministre de la guerre écrivait « que le patriotisme, le courage et la capacité de ce général n'avaient pas échappé au Conseil exécutif. » Qu'il n'ait pas répondu à cette attente pendant les vingt jours de son commandement, nous l'admettons, quoique, en somme, l'armée ait alors frappé, à Cholet, le coup décisif de cette campagne, et que, même après l'échec de Laval, le Comité de Salut public n'ait pas retiré sa confiance à L'echelle. Mais, de ce que L'echelle était au-dessous d'une tâche pleine de difficultés, s'ensuit-il qu'il faille considérer comme ressemblant de tous points le portrait extraordinaire tracé par Kleber ? Au lieu du grand homme de guerre, racontant ses exploits comme César, ne dirait-on pas Achille irrité se répandant en invectives contre celui qui l'a offensé ?

« Le Comité de Salut public, dit Kleber, annonça L'echelle comme réunissant l'audace et les talens nécessaires pour terminer cette trop longue et cruelle guerre, mais voici, sans exagération, le témoignage que lui doivent ceux qui l'ont connu et apprécié. Il était le plus lâche des soldats, le plus mauvais des officiers et le plus ignorant des chefs qu'on ait jamais vu. Il ne connaissait pas la carte, savait à peine écrire son nom, il ne s'est pas une fois approché à portée de canon des rebelles; en un mot, rien ne pouvait être comparé à sa poltronnerie et à son ineptie que son arrogance, sa brutalité et son entête-

---

1. Dans son *Histoire des volontaires de la Charente pendant la Révolution* (1 vol. in-8º, Angoulême. 1890), Boissonnade cite des témoignages qui ne laissent aucun doute sur ce point.

ment. » On s'explique aisément les raisons diverses qui ont assuré le succès de ce morceau. Les mêmes raisons firent répéter, comme textuels, des propos ridiculement invraisemblables prêtés à L'echelle, ainsi que les injures dont ce général en chef aurait été l'objet en diverses circonstances, injures qui donneraient seulement, si elles avaient été proférées, la preuve de sa longanimité et de l'indiscipline de ses subordonnés. Mais toutes ces anecdotes viennent de la même source, et sur ce point les *Mémoires* de Kleber ne sont confirmés, que nous sachions, par aucun document contemporain (1).

Kleber, qui plus tard quitta le service parce que Lazare Hoche devenait général en chef de l'armée de Sambre-et-Meuse (2), avait remis en frémissant le

---

1. L'histoire doit demander ses preuves aux documents proprement dits, lettres, rapports, discours, pièces de l'époque même. Qu'on relève, abstraction faite des questions stratégiques, chacune des imputations de quelque gravité dirigées contre L'echelle, chacun des incidents où il joue un rôle antipathique, on sera généralement amené à se convaincre qu'on ne peut en trouver la justification première ailleurs que dans les dires de Kleber. Le témoignage le plus formel contre L'echelle en dehors de Kleber est celui de Carrier, qu'il n'est pas permis de négliger, car les abominables violences, commises quelques semaines plus tard par ce conventionnel, n'empêchent pas qu'il ne soit un témoin important, puisqu'il accompagna l'armée avec plusieurs de ses collègues. Or, Carrier, qui professe une vive admiration pour Kleber et les mayençais, constate seulement chez L'echelle l'absence de talents militaires et « la pénurie de moyens pour concevoir des plans d'attaque », mais il n'incrimine en aucune façon son caractère, alors qu'il n'hésite pas à prodiguer les injures aux armées de Saumur et de Châtillon.

2. Voir ses lettres au général Moreau : « Coblenz, 31 janvier 1797. « Je vous aurais attendu encore si je n'avais lu aujourd'hui dans les « papiers publics que le Directoire vient de nommer le général Hoche « au commandement de cette armée, ce qui me détermine à la quitter « demain. » — « Crefeld, 22 février 1797. Lorsque vous recevrez cette

commandement de l'armée de l'Ouest à L'echelle. Il
savait que le ministre de la guerre Bouchotte avait
écrit au nouveau général : « Faites entendre la voix
« du patriotisme, et surtout à la ci-devant garnison de
« Mayence, qui, longtemps enfermée dans cette terre
« étrangère, n'a pu se fortifier autant que nous dans les
« principes actuels de notre gouvernement (1). » Lorsque L'echelle fut présenté aux troupes et les passa en
revue, il fut accueilli par le cri de : Vive Dubayet !
parti des rangs des mayençais, qui manifestaient ainsi
leurs préférences pour leurs généraux et leur hostilité contre le nouveau généralissime. Ces sentiments
allaient si loin qu'ils dégénérèrent, Kleber lui-même
le reconnaît, en « une espèce de jalousie et de haine
qui s'introduisait insensiblement dans les différentes
divisions. » Quant aux chefs, ils pouvaient se croire
particulièrement tenus en suspicion. « Soldats,
avaient dit les représentants, dans leur proclamation
du 9 octobre (2), « vous n'êtes pas l'armée d'un général,
« mais de la République... Ce ne sont pas les généraux
« qui jusqu'ici ont remporté la victoire, c'est votre
« audace, c'est votre seule bravoure. » Le commandant
en chef L'echelle s'était inspiré de l'esprit de cette pro-
« clamation. « Le personnel, rien; la République,
tout, écrivait-il » le 11 octobre, au ministre de la guerre.
Il paraît avoir eu pour principe de ne pas nommer les
généraux dans ses rapports, alors qu'il avait l'honneur de commander à des hommes comme Beaupuy (3),

« lettre, mon cher général, la boutique sera remise au général Ho-
« che. »
1. Savary, t. II, p. 205.
2. Savary, t. II, p. 225.
3. Beaupuy, admirable dans toute cette campagne, envoya à Paris
le double de ses rapports. « On pourra juger, dit Savary, de son ca-

Kleber et tant d'autres, auxquels revenait le mérite de succès obtenus. Qu'on ajoute à cela les divers incidents relatés par Savary, et qui froissèrent vivement Kleber, les plans de ce dernier repoussés, les récriminations réciproques, les altercations même, et l'on comprendra comment Kleber s'est laissé aller à faire de L'echelle une caricature accompagnée de détails burlesques. Ce qu'on ne comprendrait pas au contraire, c'est l'élévation de l'homme dépeint par lui à un poste qu'il n'avait pas recherché ; c'est comment cet homme aurait pu conférer utilement sur l'achèvement de la campagne avec le délégué du Comité de Salut public qui lui fut envoyé, et qui n'était autre que l'éminent Prieur (de la Côte-d'Or), (1) ; ni comment la confiance du Comité, qui ne se conservait pas facilement, aurait survécu à ces entrevues, au point de persister même après une défaite. Celui qui cherche à voir choses et gens sous leur aspect réel doit donc ramener à leur véritable portée les affirmations de Kléber.

L'echelle n'était pas tellement illettré ; les documents émanés de lui (et dont deux sont entre nos

ractère simple et modeste par la lettre suivante, du 10 décembre, au ministre de la guerre : Je vous adresse les deux rapports que j'en-
« voyai au général L'echelle après les combats de Saint-Christophe
« et Chollet. Heureux du succès de sa patrie, il importe peu au répu-
« blicain comment il arrive. Qu'elle triomphe, voilà son bonheur.
« Aussi ces lettres seraient-elles restées dans l'oubli auquel elles
« semblaient condamnées sans la demande des représentants du peuple
« et le vœu de mes frères d'armes. »

1. Savary, t, II, p. 199 ; Chassin t. III, p. 169. On sait que Prieur Duvernois, dit Prieur de la Côte-d'Or, officier, savant, et administrateur de premier ordre, l'un des fondateurs de l'Ecole polytechnique et l'un des créateurs du nouveau système des poids et mesures, « partagea avec Carnot la gloire d'avoir *organisé la victoire* dans les « armée de la République ». V. Biographie Didot.

mains) ne justifient pas les dires de Kleber (1). Il était brave personnellement, ses antécédents militaires l'attestent (2). Il s'est maintes fois trouvé à portée du

1. Louis Blanc (*Histoire de la Révolution française*) a eu sous les yeux « plusieurs autographes de L'echelle, dont non seulement le style est très correct, mais dont l'orthographe est irréprochable, » et il ajoute avec raison que ce fait « donne la mesure de la confiance « que méritent les assertions dictées par l'esprit de parti. » Sur quoi Jean Réynaud (*Vie et correspondance de Merlin de Thionville*), invoquant l'adhésion donnée aux sévérités de Kleber envers L'echelle par Savary et Decaen, l'un et l'autre officiers de la suite de Kleber, s'écrie: « Quelle preuve y a-t-il que les prétendus autographes « mentionnés par M. Louis Blanc soient bien de la main de L'echelle? » Précisons donc, puisqu'il le faut. La signature de L'echelle, dont on ne peut contester l'authenticité, cette signature, agrémentée de son paraphe, révèle à elle seule une main exercée et très sûre, et non pas celle de l'homme qui sait à peine signer son nom. L'echelle était un calligraphe inférieur, il est vrai, à Kleber mais infiniment supérieur à Bonaparte. Cela ne prouve pas qu'il fût un bon général, mais cela prouve qu'il ne faut pas prendre au pied de la lettre les fantaisies satiriques de Kleber ; et, d'un autre côté, Jean Reynaud montre bien qu'il n'en a trouvé aucune confirmation dans la correspondance, ni même dans les souvenirs de Merlin de Thionville.

2. Boissonnade, dans l'ouvrage déjà cité (*Histoire des volontaires de la Charente*), quoique peu indulgent pour L'echelle ne peut s'empêcher de soupçonner quelque exagération même en ce qui concerne les connaissances stratégiques de ce général. A la fin de son volume, il donne une relation du siège de Valenciennes d'après un militaire qui y avait assisté. Nous y relevons ceci : Après cinq semaines d'un violent bombardement, qui n'avait épargné aucune des parties de la ville, alors que la garnison était réduite de moitié « le directeur du « génie Tholozé établit que la place ne peut tenir guère plus de six « jours, et presque tout le monde s'autorise de son rapport pour « consentir à la capitulation. Seuls le colonel du 87e, Dillon, et le « commandant du (1er) bataillon de la Charente (L'échelle?) sont « d'avis qu'il faut s'ensevelir sous les ruines de Valenciennes. »

Arthur Chuquet, dans son volume *Valenciennes* (p. 309), confirme cette attitude de L'echelle, et il montre, à d'autres moments, L'echelle réclamant en conseil de guerre l'honneur d'être envoyé au poste du péril (p. 933), sauvant la vie au représentant de la Convention menacé canon, à supposer que tel soit le rôle d'un général en chef (1). Il n'était pas entêté, puisqu'il suivit les plans d'autrui, ni brutal, puisqu'il toléra les mauvais procédés dont il fut victime, ni si dépourvu de jugement qu'il ne sût discerner la valeur de Marceau ; il tint en effet à garder dans son état-major le jeune officier promu général (2).

Kleber prétend encore que L'echelle ignorait ce qu'était Noirmoutier, et qu'il était d'avis de marcher

par l'insurrection des habitants et d'une partie des troupes, qui voulaient capituler (p. 301, 302, 334). Le courage de L'echelle n'a fait de doute ni pour ses volontaires de la Charente, ni pour ses compatriotes, ni pour le ministre de la guerre, ni pour le Comité de Salut public, ni pour des représentants comme Bellegarde, qui étaient bons appréciateurs. Il n'est pas impossible, au surplus, qu'au milieu d'octobre, l'activité physique du malheureux général fût déjà affaiblie par la maladie à laquelle il succomba le 11 novembre suivant. Mais quatre mois plus tard, le représentant Choudieu ne craignait pas de dire à la Convention, devant de nombreux témoins des événements : « L'echelle a emporté en mourant l'estime et les regrets de tous ceux qui l'ont connu. »

1. Il est même à noter que L'echelle a conquis ses titres au généralat sous la canonnade peut-être la plus furieuse qu'aient essuyée les troupes républicaines. A Valenciennes, où il tint la conduite honorable qu'on a indiqué plus haut, l'ennemi avait lancé sur la ville 157.372 projectiles ; presque toutes les maisons avaient été touchées ; plus de la moitié étaient démolies. (Arthur Chuquet, p. 330 et 331). Après cette épreuve il reste vraisemblable que L'echelle était familiarisé avec le canon.

2. Wallon, qui ne le ménage guère, écrit (*Les Représentants du peuple en mission*, t. I, p. 167) : « Disons-le à son honneur, il rend hommage à ses prédécesseurs, il écrit au ministre (Montaigu, 11 octobre) : « Je dois rendre une justice authentique aux généraux Canclaux et Dubayet. Ils m'ont laissé des troupes bien organisées, et « qui paraissent dans les meilleures dispositions. » — L'echelle avait quelque mérite à s'exprimer ainsi après l'accueil que lui avaient fait les mayençais. V. aussi le Rapport de Choudieu présenté à la Convention le 18 pluviôse an II.

à l'ennemi « majestueusement et en masse ». Or, il est évident que L'echelle, natif de Beaupréau et habitant de la Saintonge, connaissait Noirmoutier. Quant à l'idée de procéder par masses, elle se comprend fort bien, elle semble même assez judicieuse, et ne devient ridicule que grâce à l'adverbe dont Kleber l'affuble dans une intention de raillerie.

Malgré tout, les virulentes invectives de Kleber demeurent attachées au nom de L'echelle, car la parole des hommes illustres, soit qu'elle dispense la gloire ou l'opprobre, obtient facilement le crédit de la postérité, et le passage que nous avons cité plus haut n'a cessé d'être reproduit par les historiens. Peut-être eut-il été juste, en même temps que généreux, de ne pas accabler à ce point la mémoire d'un jeune général, sincèrement dévoué, et qui mourut quelques semaines après son élévation, en proie au désespoir de s'être laissé vaincre (1).

A défaut d'autres mérites, L'echelle eut du moins la sagesse de ne pas modifier les plans qui étaient en cours d'exécution lorsqu'il prit le commandement.

L'armée de Chalbos se réunissait à Bressuire le 8 octobre. Elle marchait sur Châtillon, et livrait, le 9, le combat du Moulin-aux-Chèvres, où fut tué le général Chambon qui tomba en criant : « Vive la République! Je meurs pour la patrie. » Elle éprouvait, le 11, à Châtillon, un échec réparé le soir même par un succès complet (2) qui coûta la vie à Lecomte, mort général à vingt-neuf ans, après avoir bien mérité de la patrie (Décret de la Convention).

---

1. Voir dans Chassin (t. III, p. 248 et s.) le récit de sa mort avec les détails donnés par Dugas-Matifeux.

2. Il est difficile d'imaginer quelque chose de plus confus et de plus

Bard avait pris le commandement de l'armée de Luçon en remplacement de Beffroy. Il entrait en fonctions le jour même de la bataille de Châtillon, et donnait immédiatement à toutes les troupes cantonnées depuis Luçon jusqu'à Saint Hermand et Saint-Hermine l'ordre de se mettre en marche le lendemain dans la direction de Chantonnay. Il entreprenait ainsi l'opération que Beffroy n'avait pu exécuter sur la demande de Canclaux. Il recommençait le mouvement auquel lui-même avait participé, un mois auparavant, sous les ordres de son prédécesseur. Seulement l'armée de Luçon, moins nombreuse cette fois, n'avait pas à se déployer du côté de l'est suffisamment entamé par les troupes placées sous les ordres de Chalbos. Elle devait se porter en masse et directement vers le nord.

« Luçon, ce 11 octobre 1793, l'an deuxième de la République française une et indivisible (1).

« Ordre de marche pour la colonne partant de Luçon et des divers cantonnements aux environs pour se rendre demain, 12, à Chantonnay, sous les ordres du général de brigade Bard.

« La générale battra dans tous les cantonnements, depuis Luçon jusqu'à et compris St Hermand et Ste Hermine, à sept heures du matin. Les troupes ne se mettront cependant en marche qu'après en avoir reçu l'ordre, soit par ordonnance, soit par écrit.

« Les chasseurs à cheval du 14e régiment, les chasseurs de l'Oise et des deux Sèvres formeront l'avant-garde, et se porteront au delà de Chantonnay jusques à St Vincent, où ils

contradictoire que les documents relatifs à cette double affaire de Châtillon. Nous allons rencontrer la même difficulté en ce qui concerne les événements de Cholet.

1. Suite du journal de l'armée de Luçon.

prendront poste et se garderont militairement, ainsi que le 8ᵉ bataillon de la Somme. Ils partiront de Sᵗ Hermand au plus tard à sept heures.

« Le troisième bataillon de la Charente-inférieure, le dixième de la formation d'Orléans, le bataillon de l'Egalité et celui de l'Hérault, qui se joindra demain à la pointe du jour à Féole, suivront l'avant-garde et se placeront au delà de Chantonnay, dans la position qui sera indiquée pour le campement.

« Toute la gendarmerie suivra cette colonne, et une partie formera la tête de la colonne. En conséquence le vaguemestre général fera partir tous les équipages de bonne heure, et de manière qu'ils soient rendus à Sᵗ-Hermand au plus tard à sept heures.

« Les bataillons du 60ᵉ régiment, 2ᵒ du 4ᵉ de la marine, de l'Union, et celui des cinq sections réunies, marcheront après les bagages. Le bataillon du 60ᵉ régiment ira au Puy-Belliard de Chantonnay, le bataillon de l'Union restera au Puy-Charraud, et celui de la marine ira se placer à la gauche des bataillons déjà campés en ligne devant Chantonnay. Celui des cinq sections réunies restera à Chantonnay, et établira ses gardes aux diverses issues de la ville.

« Le septième bataillon de la formation d'Orléans et le bataillon de Parthenay formeront l'arrière-garde, avec la cavalerie de la Haute-Vienne. L'un et l'autre se porteront à la gauche de la ligne déjà établie, et formeront la gauche de la ligne de bataille.

« Les hussards du 11ᵉ régiment se tiendront à cheval sur la place de Luçon et partiront avec l'adjudant général (1), qu'ils suivront dans sa marche.

« Tous les commandants de colonne et des corps particuliers tiendront la main à ce que la marche se fasse avec ordre, et à ce que les soldats ne s'écartent point de leurs rangs. Le salut de l'armée et le succès de nos armes dépendent de l'exécution stricte des ordres donnés. Le général rend person-

---

1. L'adjudant-général était Marceau.

nellement les chefs des colonnes et des corps responsables
du désordre qui pourrait régner, et des dommages qui pourraient en résulter pour l'intérêt de la République.

« Signé : Le général de brigade Bard. »

La colonne de Luçon devait jouer un rôle important dans les opérations projetées. Il convenait donc
de renforcer ses effectifs, dont l'insuffisance avait été
signalée. On désigna dans ce but une des troupes les
plus solides que comptât l'armée de l'Ouest.

« Dans la soirée du 11, dit Savary (t. II, p. 235
et s.) on tint un conseil de guerre, dans lequel il fut
décidé que l'on donnerait suite au plan du général
Canclaux, que l'on marcherait le 14 sur Tiffauge, et
que Kleber conserverait le commandement de l'armée
de Mayence sous le général en chef. On devait ajouter
à cette colonne un bataillon du 79ᵉ et deux du 109ᵉ régiment, qui avaient fait partie de la colonne de
Beysser. « Par conséquent, dit Kleber, le corps
« d'armée sous mes ordres se trouvait porté à environ
« dix mille hommes. »

« Il fut encore décidé que l'adjudant général
Bloss (1) se porterait le jour suivant, avec ses dix-
sept compagnies de grenadiers et quarante gendarmes, au delà de Saint-Fulgent, près du château
de l'Oie, pour se réunir à la colonne venant de
Luçon, et qui devait arriver le même jour à cette
hauteur.

1. Savary estropie le nom de ce héros, dont Canclaux disait « qu'il
valait à lui seul un bataillon, » et qui se fit tuer quinze jours plus tard
(27 octobre) en défendant le pont de Château-Gontier « comme un
autre Horatius Coclès. » Blosse était né à Troyes, le 18 janvier 1753 ;
il venait de l'ancienne armée des Côtes de Brest. (V. Jacques Charavay, *Les généraux morts pour la patrie*, Paris, 1891.)

« Bloss fut chargé d'envoyer, aussitôt la réunion opérée, l'état de la force de cette colonne en infanterie, cavalerie et artillerie, et dans le cas où elle excéderait cinq mille hommes, de revenir à Montaigu avec ses grenadiers.

« La colonne de Luçon avait ordre de se porter, le 13, aux Herbiers, d'en chasser l'ennemi; et, sans s'y arrêter, de s'emparer de la montagne des Allouettes pour y prendre poste; ensuite, et le lendemain 14, elle devait se mettre en marche et se diriger sur Mortagne où, s'établissant sur les hauteurs de la rive gauche de la Sèvre, elle devait élever deux batteries pour battre la ville et le pont (1).

« Tout étant ainsi disposé, on s'assembla, dans la soirée du 13, chez le général L'echelle qui venait de recevoir une réponse de l'adjudant général Bloss. Cet officier informait le général que la colonne de Luçon ne comptant que trois à quatre mille hommes, il marcherait avec elle conformément à ses ordres.

« Les représentants reçurent dans ce moment la nouvelle de la prise de Noirmoutier par Charette : « Cet événement, dit Kleber, alarma tout le monde « parce qu'on craignait que les rebelles ne tirassent « de l'Angleterre des secours qui pourraient nous « être préjudiciables. »

Nous verrons dans un instant que ce ne fut pas la seule inquiétude qu'éprouva, dans la journée du 13, le quartier général de Montaigu.

Quant à Bard, secondé par son adjudant-général Marceau, il poursuivit sa marche en avant dans les

1. L'arrivée sur Mortagne fut retardée d'un jour par un avis postérieur. (Note de Savary.)

conditions qui lui avaient été prescrites. Ayant à cœur de ne pas tolérer dans son armée les désordres par lesquels les troupes se déconsidèrent et s'affaiblissent en même temps, il avait fait une proclamation pour défendre tout pillage sous peine de mort. « Qui sort des rangs est un lâche, dit-il à ses soldats, « qui vole est un scélérat. Soldats, frappez vous-« mêmes celui qui vous déshonore. Domptez l'en-« nemi par la discipline et par la vertu autant que « par le courage.

« J'ai l'œil sur vous (1) ! »

L'armée de Luçon devait exécuter son mouvement en suivant d'abord la direction de Chantonnay à Saint-Fulgent, puis, arrivée au delà du château de l'Oie, celle de Vendrenne et des Herbiers. Nous trouvons, dans les papiers du général Bard, les lettres suivantes du général L'échelle qui semblent indiquer chez l'état-major un instant d'incertitude à la nouvelle de l'échec subi à Châtillon par le général Chalbos, dont la revanche ne fut connue que plus tard.

« Liberté   Egalité

« Quartier général de Montaigu, le 13 8bre 1793, l'an 2e de la République une et indivisible.

« L'officier général commandant la colonne maintenant à St Fulgent ou aux Herbiers se réunira cette nuit avec l'armée qui est à Montaigu. Il dirigera sa marche de manière à arriver dans cette ville sur les onze heures du soir. Il fera suivre toutes les munitions de guerre et de bouche qui sont à la suite de cette colonne. Deux bataillons de cette armée iront au devant de cette colonne pour faciliter sa réunion avec elle.

1. Grille, *la Vendée*, en 1793, t. II, p. 293. — Eugène Bonnemère *Guerres de la Vendée*, p. 160.

« Le général Bard rendra compte des mesures qu'il a prises pour la garde et la défense de Luçon, et, dans le cas où il jugerait qu'il est indispensable de renforcer ce poste, il donnerait des ordres sur le champ à cet égard, après avoir cependant justifié cette nécessité.

Le général en chef de l'armée de l'Ouest,

« L'ECHELLE. »

Au bas de cette lettre, et d'une autre écriture, se trouve la mention : « à trois heures après-midi. »
L'autre lettre est du même jour.

« Quartier général de Montaigu, le 13 octobre 1793, l'an 2ᵉ de la République française et une indivisible.

« Tout est changé, mon Général. Les motifs qui m'avaient déterminé tantôt à révoquer mon premier ordre sont maintenant détruits. L'armée de Chalbos, doublement victorieuse, est rentrée à Châtillon qu'elle avait été forcée d'abandonner un instant. Ainsi, Général, je me réfère entièrement à mon premier ordre, et votre colonne doit se porter sur Mortagne par la route que je vous avais premièrement indiquée et dont l'adjudant Blosse était porteur. Quant à ce dernier il est indispensable qu'il rejoigne sur le champ l'armée de Mortagne, avec les troupes que je vous avais envoyées pour vous servir de renfort. Demain matin je vous renverrai des forces pour remplacer celles que je vous retire (1). Ainsi, Général, j'espère que vous exécuterez ponctuellement l'ordre que je vous ai donné pour votre direction sur Mortagne. C'est là que je vous donne rendez-vous, où nous dirons ensemble, en plantant l'arbre de la liberté : Vive la République !

« Le Général en chef de l'armée de l'Ouest.

« L'ECHELLE. »

---

1. Il ne semble pas que cette permutation ait eu lieu ; il intervint sans doute un nouveau contre-ordre, et Blosse ne devança pas à Mortagne le gros de l'armée de Luçon.

La colonne de Luçon arrivait bientôt aux Herbiers. Nous transcrivons quelques passages d'une note de renseignements que nous avons sous les yeux, et qui nous paraît rendre d'une façon assez saisissante le caractère de ces opérations militaires en pays ennemi.

« Il est à présumer que l'ennemi ne tiendra pas dans la ville des Herbiers, la défense y serait dangereuse.

« Il serait également dangereux pour les troupes de la République de s'arrêter et de se débander dans cette ville, parce que si l'ennemi occupait les hauteurs au delà, il pourrait facilement envelopper nos troupes et les mettre en désordre.

« Pour éviter cet inconvénient, on pourrait faire passer les tirailleurs par la droite et par la gauche, de manière à aller rejoindre la grande route au delà de la ville avant d'engager l'artillerie dans les rues des Herbiers. Cependant on observe que la ville n'est pas longue à traverser dans la direction de la grande route par la grande rue.

« Si l'on peut rencontrer aux Herbiers les citoyens X, Y et Z (1), ils pourront servir à donner des renseignements sur la position et les forces de l'ennemi. On les a toujours connus bons patriotes.

« Observations sur les environs des Herbiers.

Nous avons déjà dit que le poste des Herbiers ne pouvait offrir de résistance, et qu'il serait dangereux d'y rester avec sécurité. En effet il se trouve près des Herbiers, un peu au delà sur la droite, un château entouré de fossés remplis d'eau au milieu d'un parc étendu, environné de murs, où l'ennemi pourrait faire résistance. Ce parc domine un peu les Herbiers. Ce château se nomme château de Landreau. L'entrée du parc est vis-à-vis du petit bourg de Notre-Dame-des-Herbiers. Une

1. Vu le caractère confidentiel du document, nous croyons préférable de ne pas reproduire le nom de ces citoyens.

autre porte se trouve sur la partie gauche, vers l'extrémité du mur en suivant l'ancien chemin des Herbiers à Mortagne, à l'extrémité d'un petit bois renfermé dans le parc. De là on découvre la maison, qui ne peut être aperçue de l'autre porte. On découvre encore la maison en se portant à la droite sur la route de Chambretaud.

« Sur la droite de Notre-Dame-des-Herbiers, et sur une hauteur qui domine le Landreau et les Herbiers, est le château de la Pépinière ou Rochetemer, qui n'a de défense que sa position. Il faudra s'assurer de ces postes pour ne pas laisser l'ennemi sur ses derrières, et, s'il avait fait des dispositions pour la défense, il serait peut-être à propos de s'emparer d'abord de la Pépinière, en se portant sur la droite du côté d'Ardelays. »

La note continue en décrivant la « route des Herbiers à la montagne des Allouettes, » puis la grande route laissant « le bourg de Chambreteau sur la « droite et celui de la Verrie sur la gauche. » — « Ces communes fournissent beaucoup de monde « aux rebelles... La commune de la Verrie s'est dis- « tinguée par le nombre de scélérats qu'elle a fournis « à l'armée des rebelles. » Nous ne retenons du reste de la note que l'observation suivante :

« Il serait possible qu'en sortant des Herbiers l'ennemi gagnât les hauteurs de l'Ormeau des Enfreins sur la route de Chambretaud et sur la droite du Landreau, pour se porter sur Mortagne par la Pierre-Platte ou par Chambreteau, ou bien sur Châtillon par Mallièvre. Mais il n'est pas à présumer qu'il prenne cette direction parce qu'il serait difficile de conduire de l'artillerie par là, et d'ailleurs la direction de la colonne est indiquée par la montagne des Allouettes. »

Contrairement aux prévisions de l'auteur de cette note, c'est sur Mallièvre que se replièrent les royalistes. L'echelle, dans son rapport du 16 octobre, dit que l'armée de Luçon força un corps de trois mille hommes, qui occupaient une position avantageuse près des Herbiers. Il faut entendre que ces trois mille hommes battirent en retraite devant l'armée de Luçon. C'étaient les contingents commandés par Royrand (1) qui se dérobaient ainsi. Ils se réfugièrent du côté de l'est, à Mallièvre, au cœur du pays insurgé, à peu près à égale distance de Mortagne et de Châtillon.

L'armée de Luçon traversa les Herbiers abandonnés. Bard avait réitéré à ses soldats les défenses les plus rigoureuses, et ne laissa commettre aucun désordre. Il acquit aux Herbiers la preuve que les chefs des rebelles, pour faciliter l'émigration, fabriquaient de faux passeports avec le sceau de la République. Il en avisa le Comité de Salut public (2). C'est dans ce bourg, d'ailleurs, que, quelques semaines auparavant, d'Elbée, généralissime de la grande armée catholique-royale, avait établi son quartier général et tenu le conseil de guerre où les généraux de l'insurrection se partagèrent les commandements.

A partir de ce moment nous manquons de documents originaux pour suivre les opérations de l'armée de Luçon. Le journal que nous possédons ne va pas au delà du 13 octobre, alors que, le 15 et le 17

1. De Royrand, de Bazoges-en-Paillers près Saint-Fulgent, commandant du centre de la Vendée, passa ensuite la Loire, fut blessé une quinzaine de jours plus tard à Entrammes, et mourut le 5 décembre suivant à Baugé. (*Généraux et chefs de la Vendée militaire et de la Chouannerie*, 1 vol. in-f°, sous la direction d'Alexis des Nouhes, Paris, 1887.)

2. Archives hist. de la Guerre. Correspondance générale.

du même mois, se livrèrent les batailles les plus
importantes qui aient eu lieu au sud de la Loire. Six
mois plus tard, le général Bard, arrêté, rédigea pour
sa défense un mémoire justificatif, dont Savary
paraît avoir eu une connaissance plus ou moins complète. Nous ignorons si ce mémoire contenait la relation de tous les événements qui vont suivre ; le court
extrait que donne Savary ne permet pas de se prononcer à cet égard. Bien que ce mémoire ait été
imprimé, il nous a été impossible d'en retrouver un
exemplaire. Nous l'avons vainement recherché à la
Bibliothèque Nationale, aux Archives historiques du
Ministère de la Guerre et aux Archives administratives du même département. Non moins vainement
nous avons fait appel, pour les Archives Nationales,
à un concours très obligeant.

Le résultat négatif de ces diverses investigations
nous force à recourir aux publications des historiens.
Ceux d'entre eux qui n'ont fait que puiser aux sources
officielles ne suffiront pas à nous renseigner, et nous
devrons joindre à leurs récits les données des écrivains du parti adverse. En effet il n'existe, dans les
pièces officielles, aucun document spécial à l'armée
de Luçon. Ni le général Bard, grièvement blessé, ni
le général Canuel, qui lui succéda quelques jours
plus tard, ni l'adjudant-général Marceau (s'il a commandé par intérim) n'ont rédigé, que nous sachions,
un rapport quelconque au ministre de la guerre, ou
seulement au général en chef. Quant à celui-ci, son
rapport au Comité de Salut public, en date du
16 octobre, tout en signalant l'importance des
batailles du 15, néglige de préciser les faits, et s'ab-
tient de nommer qui que ce soit ; le rapport du 19 est
encore plus sommaire. Les rapports du général Beau-

puy, dont nous parlerons plus loin, ne sont guère relatifs qu'aux troupes mayençaises placées sous ses ordres. Du côté des représentants du peuple il n'y a pas eu non plus de relation officielle, ou même officieuse, des opérations de l'armée de Luçon. Aucun d'eux n'accompagnait cette armée. Le représentant Turreau, qu'une lettre de Carrier, datée du 16 octobre, signale comme « marchant avec les colonnes de Luçon conduites par le brave général Bard, » n'a pu, dans tous les cas, les rejoindre qu'après leur réunion avec les mayençais, puisqu'il résulte de cette même lettre, et d'autres documents encore, que Turreau, comme Carrier lui-même, accompagna les mayençais de Montaigu à Tiffauges, et de Tiffauges à Mortagne inclusivement. En admettant qu'il se soit ensuite attaché à l'armée de Luçon, il est certain qu'il n'a pas rendu un compte particulier des événements dont il a pu être témoin. Ce n'est que le 21 octobre que nous le voyons signer, avec Bourbotte, Choudieu et Francastel, venus de Saumur, un rapport collectif sur les succès remportés « depuis huit jours », et que la rapidité des événements n'a « pas encore donné le temps » de faire connaître. Ce rapport est des plus sommaires. Ainsi nous ne rencontrons ni ces constatations directes et immédiates qui d'ordinaire servent de base et de point de départ au travail de l'histoire, ni même une version officielle quelconque des faits qui nous intéressent. Il convient donc d'accepter les renseignements provenant d'autres sources, dans la mesure où ils concordent avec ce qu'on peut tenir pour constant.

Le 15 octobre, l'armée de Luçon, venant des Herbiers, apparaissait sur les hauteurs de la Sèvre près de Mortagne. C'était le jour fixé pour l'attaque de cette ville. Kleber venait lui-même d'y arriver; ses troupes avaient passé la nuit au Coubourreau près de Tiffauges; en approchant de Mortagne, il s'assura que la place était évacuée; il y entra, ne trouva que quelques canons brisés, et, deux heures après, l'armée de Mayence se remettait en marche dans la direction du nord-est (1).

1. Nous suivons le récit de Savary, c'est-à-dire celui de Kleber. Savary déclare expressément (t. II, p. 252) que Mortagne ne fut pas incendiée à cette époque. Chassin (t. III, p. 203) adopte sans commentaires la version de Savary. Il est incontestable que Mortagne, l'un des quartiers principaux de l'insurrection, et fort maltraitée plus tard par les deux partis, ne fut pas soumise ce jour-là à l'application terrible du décret du 1ᵉʳ août, et certaines allégations des royalistes sont sur ce point d'une inexactitude évidente. Mais il faut sans doute ajouter au récit de Savary l'irruption de l'avant-garde républicaine et l'évacuation tumultueuse des vendéens. Carrier, qui accompagnait l'armée de Mayence, écrivait de Cholet, le lendemain, 16 octobre, que l'avant-garde de cette armée, pour entrer à Mortagne, avait incendié les faubourgs (Aulard, *Comité de Salut public*, t. VII, p. 448) ; et cette affirmation se retrouve dans le rapport adressé d'Angers au Comité de Salut public, le 21 octobre, par quatre autres représentants du peuple (Ibid. p. 547 et s.). Les signataires de ces deux documents de provenance distincte étaient à même d'être bien renseignés sur les violences qui avaient pu être exercées, et les relataient sans songer à les atténuer. Des mêmes documents il résulte également qu'il y eut, aux abords de la ville, une lutte assez vive soutenue par les avant-postes des royalistes, lutte dans laquelle un certain nombre d'insurgés « mordit la poussière ». Les deux partis étant pourvus d'obus, cette lutte explique que les faubourgs aient souffert, et que le feu ait pu éclater en divers endroits. Toutefois comme elle détermina l'évacuation entière de Mortagne par les royalistes, on comprend que Kleber n'ait point sévi contre la ville elle-même, dans laquelle il évita de faire entrer le gros de son armée. On verra, d'autre part, que le général Bard, à l'époque même où il était incarcéré comme accusé de ménagements envers les rebelles, s'honorait d'avoir empêché tout désordre en traversant Mortagne quelques heures après Kleber.

L'armée de Luçon, dit Savary, auquel nous empruntons une partie de ce qui suit (t. II, p. 253), reçut du général L'echelle l'ordre de traverser Mortagne sans s'y arrêter, et de s'avancer sur la route de Cholet, où elle rencontrerait un bataillon de direction. Robert. qui donna cet ordre de marche, oublia de faire précéder la colonne du bataillon de direction, oubli qui faillit perdre l'armée de Luçon.

Il y a loin de la réalité des faits, telle qu'elle ressort d'un examen impartial, au tableau fantastique tracé, en 1823, par un anonyme prenant la qualité suspecte d'ancien administrateur des armées républicaines. Cet écrivain donne lui-même la mesure de la confiance qu'il faut accorder à son prétendu témoignage. Il se représente comme suivant les armées républicaines, et néanmoins il rapporte, à la façon de Tite-Live, des discours de plusieurs pages prononcées au même moment dans l'assemblée des chefs royalistes. Il s'agit d'une œuvre purement littéraire, écrite dans le goût de l'époque ; les erreurs flagrantes sur les faits, les dates et les personnes, y fourmillent à chaque page. Si l'historien ne peut admettre qu'avec circonspection les souvenirs plus ou moins lointains des témoins plus ou moins directs des événements, surtout quand ces souvenirs sont rédigés ou retouchés par d'autres que par les témoins eux-mêmes (mémoires de Mme de La Rochejaquelein par de Barante, de Mme de Bonchamps par Mme de Genlis, de Mme de Sapinaud par un anonyme), il ne saurait en aucun cas accorder la moindre valeur à des travaux de librairie, de provenance inconnue, et dont le rédacteur anonyme et irresponsable a simplement cherché à flatter les passions ou la curiosité du moment, sans apporter aucun document, ni aucune justification. Ce sont choses non avenues pour tout historien digne de ce nom, pour tout esprit sincère et éclairé.

Les événements dont nous nous occupons ont été racontés encore par Bouthillier de Saint-André, auteur des *Mémoires d'un père à ses enfants.* (Voir la *Revue du Bas Poitou,* année 1895, p. 372 et s.) D'après l'éditeur de ces mémoires, le père de l'auteur avait été chargé, par Cathelineau et d'Elbée, dont il était l'ami personnel, de rédiger un journal des événements. Ce journal fut malheureusement détruit dans un incendie au cours de la guerre, et, quelque temps après, son rédacteur périssait sur l'échafaud à Nantes. Donc nous n'avons pas les mémoires primitifs écrits au jour le jour ; « mais les mémoires du

Le général Bard, continue le même auteur, avait sous ses ordres, ainsi qu'il le dit dans un mémoire imprimé au mois d'avril 1794, trois mille et quelques cents hommes d'infanterie et trois cent trente de cavalerie. « Je reçus, dit-il, du général L'échelle l'ordre « de me porter le 14 octobre sur les Herbiers, et le 15 « devant Mortagne. Les Herbiers étaient évacués. « Avant d'entrer à [Mortagne, le général en chef « m'envoya un aide de camp m'apporter l'ordre de « marcher sur Chollet, en m'assurant que je trou-

« fils, qui vécut et travailla constamment malgré son jeune âge avec « le père, nous apportent l'écho lointain de ces mémoires perdus, et « c'est ce qui les rend particulièrement précieux. » Le journal du père le serait davantage, car, si l'on fait abstraction des renseignements que l'auteur a pu recueillir de seconde main, cette publication ne représente en réalité que les vagues souvenirs et les impressions d'un enfant de douze ans. Il en résulterait qu'il y eut effectivement, comme on le dit plus haut, des incendies à Mortagne. Ces mémoires contiennent, en outre, des épisodes intéressants. Le père de l'auteur, dont nous avons dit le rôle auprès des chefs de l'insurrection, venait de les rejoindre en laissant à Mortagne sa femme et ses enfants. Sa femme se fit présenter au général républicain, « dont je « n'ai jamais su le nom, dit notre auteur ; mais tout me porte à « croire que c'était L'echelle, qui commandait en chef l'armée qui « marchait ce jour-là sur Chollet. » Le général est naturellement un homme farouche, à la voix effrayante. Mais il désarme devant cette royaliste notoire. « Son courage au-dessus de son sexe toucha le gé-« néral. Ce qui l'émut surtout, ce fut la vue des enfants qui s'étaient « jetés à genoux. » Bref, sur la demande de Mme Bouthillier de Saint-André, il lui donne deux soldats pour aller chercher son mari, qu'elle prétendait retiré dans le voisinage. Elle promène en divers endroits les soldats, qui finissent par la soupçonner de vouloir les faire périr, en les conduisant sur les pas des brigands. « Ces sol-« dats, dit l'auteur, étaient des barbares, et bien disposés à lui ôter « la vie ; mais leurs cœurs se laissèrent toucher. Ils s'éloignèrent, et « laissèrent ma mère, ses enfants et la gouvernante plus morts que « vifs. » Plût aux dieux que les guerres civiles n'eussent jamais donné lieu à d'autres incidents !

« verais en route de la troupe qui se joindrait à la
« mienne. — Je défends le pillage sous peine de mort.
« Je traverse Mortagne. L'adjudant-général Marceau
« fait exécuter ponctuellement mon ordre. Je m'avance
« sur la route de Chollet sans rencontrer aucun ren-
« fort; mais je rencontre l'ennemi qui fond sur moi
« de toutes parts. »

On était arrivé sur le terrain de la lutte décisive.
L'armée catholique et royale ne pouvait plus se dérober. De toutes les régions soulevées ses troupes ont
reflué sur Cholet devant les mouvements des colonnes
républicaines. L'insurrection s'est grossie d'une foule
de paysans chassés de chez eux par la guerre. « Ces
troupeaux de chrétiens sans asile, dit l'historien royaliste Crétineau-Joly, arrivent propageant l'effroi qui
les domine et le désir de la vengeance qui respire
même sur leurs visages baignés de larmes. L'armée
couvre Cholet. Cholet est devenu pour elle le rem-
part de la Vendée... Le 15, Lescure, campé au château de la Tremblaye est averti. Il monte sur un ter-
tre et découvre à vingt pas de lui un bataillon ennemi.
« En avant! » s'écrie-t-il. A peine a-t-il prononcé ces
mots qu'une balle le frappe au sourcil gauche, et sort
derrière l'oreille. Il tombe. Ses paysans, qui ont entendu son commandement, s'élancent, passent sur son
corps et courent aux bleus. » On arrache Lescure
tout sanglant du champ de bataille, et on le transporte
à Beaupréau. « Le combat continue cependant. Bard
et Marceau ont pris de savantes dispositions; mais les
royalistes, qui n'ignorent pas que Lescure est blessé,
brûlent de venger leur chef. »

Nous revenons au récit de Savary : « L'adjudant
général Marceau, qui commandait l'avant garde, crut

d'abord que cette attaque imprévue était une méprise de la troupe qu'il devait rencontrer; mais enfin il se mit en défense et soutint le feu avec beaucoup de vigueur. Cependant la queue de la colonne, menacée d'être coupée par une troupe de vendéens embusqués, faisait sa retraite sur Mortagne. Le général Bard s'y porte pour la rallier; il y reçoit deux coups de feu, l'un dans la poitrine et l'autre au bras. »

Le général ennemi, Lescure, moins heureux encore, était blessé à mort; aussitôt emporté du champ de bataille, il ne succomba toutefois que le 4 novembre suivant, entre Ernée et Fougères.

Dans le château de la Tremblaye, dans les avenues et dans les bois situés à l'est, les blancs dirigeaient sur les bleus une fusillade furieuse. La colonne de Luçon, à ce moment, se trouvait former la droite des armées républicaines. La colonne du général Beaupuy, se dirigeant sur Cholet, entre Saint-Christophe et la route de Mortagne à Cholet, devenait le centre. Kleber, plus au nord, occupait la gauche.

On lit dans le rapport du général en chef L'echelle : « Lorsque j'appris que la colonne de Luçon était « attaquée et même forcée, je fis sur le champ marcher à son secours, et je m'y portai avec la plus « grande partie de mes forces; malgré le nombre des « rebelles, rien n'a pu résister à la valeur des soldats « de la liberté. L'ennemi a été poursuivi jusque sous « les murs de Cholet, etc. » — Beaupuy, dans son rapport, dit qu'ayant entendu la fusillade sur sa droite, il vit la colonne de Luçon engagée. « Alors, ajoute-t-il, « mon parti fut bientôt pris. J'ordonnai au chef de « bataillon Tyran et à l'adjudant-général Labruyère « de voler au secours de nos frères d'armes de Luçon. » Puis voyant le développement de l'ennemi du côté de Saint-Christophe, il engagea de ce côté une lutte vigoureuse, couronnée de succès. Pendant ce temps le château de la Tremblaye avait été enlevé, après un combat des plus opiniâtres, et les vaincus s'enfuyaient à travers bois.

C'était le sort de Cholet que venaient de jouer les royalistes. Le résultat de cette journée leur enleva l'espérance de se maintenir dans la capitale de l'insurrection; ils l'évacuèrent (1).

Les écrivains qui se bornent à suivre Savary affirment que le général Bard, blessé de deux coups de feu, fut emporté à Mortagne, et ils ajoutent que Marceau soutint seul, avec le secours de Beaupuy, la fin de la bataille. Cette dernière circonstance est de tous points vraisemblable, l'état de Bard ne lui permettant pas sans doute de continuer le combat. Elle a suffi pour que la plupart des historiens et biographes de Marceau fassent commencer à la Tremblaye sa carrière de général, et lui attribuent dès lors le commandement de l'armée de Luçon, quelques-uns même en passant sous silence le chef dont il fut en cette occasion le second énergique et dévoué. Nous n'avons pas découvert dans les documents du temps l'origine de ces affirmations, conformes, il est vrai, à certains

---

1. Chateaubriand (*de la Vendée*, septembre 1819) attribue l'échec des royalistes à la perte de Lescure : « Une bataille terrible s'engage à la Tremblaye ; elle allait augmenter la gloire des royalistes fidèles, lorsque Lescure est blessé à mort. On se retire ; les républicains entrent dans Chollet. » — Suivant Eugène Veuillot (*Guerres de la Vendée et de la Bretagne*), « le combat de la Tremblaye était un échec grave, mais nullement décisif : une partie de l'armée vendéenne n'avait point été engagée. La Rochejaquelein voulait qu'on défendît Cholet ; mais il fut impossible d'y retenir les paysans dont le moral était ébranlé ; ils prirent la route de Beaupréau. »

5.

passages des mémoires de Kleber, mais absolument contredites par d'autres faits, s'il est vrai surtout, comme l'attestent nombre d'historiens des plus renseignés, que le général Bard, quoique blessé à la Tremblaye, figurait de nouveau à l'affaire du surlendemain.

Il ne saurait s'agir de contester à Marceau une parcelle de sa gloire. Que le jeune officier, destiné à devenir un des plus purs héros de l'épopée révolutionnaire, ait été ou non le chef en titre de l'armée de Luçon, il conquit certainement, dans l'ensemble de ces affaires le commandement qu'il devait si bien exercer des Côtes de Bretagne aux plaines de Belgique et aux bords du Rhin. De même il importe assez peu à la mémoire du général Bard qu'il ait été définitivement mis hors de combat au parc de la Tremblaye ou sous les murs de Cholet. Sur quelque champ de bataille qu'elles aient été reçues pour le service de la patrie, les blessures d'un soldat sont également honorables. C'est uniquement au point de vue de l'exactitude historique que nous nous plaçons, et, à ce point de vue, nous ne saurions trop regretter les lacunes des documents officiels et le laconisme de L'echelle.

Le général en chef constate l'importance de la bataille de la Tremblaye et « la valeur des soldats de la liberté », mais ne nomme pas les chefs et ne précise pas ce qu'ils ont pu faire.

Le rapport de Beaupuy à L'echelle est plus détaillé, mais il ne relate que l'affaire de Saint-Christophe, qui fut également très chaude. Beaupuy ne s'explique pas sur la bataille livrée par l'armée de Luçon. Après avoir indiqué qu'il a envoyé au secours de cette armée, il n'en dit plus un mot.

Enfin Carrier, qu'il faut bien citer, puisque c'est un témoin, écrivant le lendemain même de la bataille pour en exposer les péripéties, Carrier parle de Beaupuy, de Kleber « dont le sang-froid égale la bra- « voure, de L'echelle qui avait poursuivi l'ennemi à « la tête de la division du général Vimeux », des blessures reçues par le général Bard et des exploits de divers autres officiers, mais il ne fait aucune mention de Marceau.

Si les documents immédiats sont insuffisants, on ne peut, d'autre part, s'appuyer en toute certitude sur le journal de Kleber qui resta, encore plus que Beaupuy, en dehors des opérations de l'armée de Luçon, et qui écrivait longtemps après les événe- ments (1). Le soir de la bataille de la Tremblaye, vers les dix heures, le jeune adjudant-général Marceau, entraîné par une sympathie bien naturelle, ou dési- reux peut-être de désarmer les préventions de Kleber contre tout ce qui n'était pas mayençais, était allé trouver ce général au bivouac pour lui exprimer le désir de le connaître (2). Le surlendemain, Marceau, devenu l'ami de Kleber, se signalait encore à la tête de l'artillerie des colonnes de Luçon. Puis, pendant trois mois, généraux l'un et l'autre, ils continuaient la guerre ensemble. Bard, au contraire, abandonnait aussitôt la campagne, s'étant trouvé quelques heures seulement dans le voisinage de Kleber, qui allait passer la Loire avec l'armée de l'Ouest pour ne plus

1. On sait que Kleber rédigea ses mémoires sous le Directoire. Du reste son journal même fait fréquemment allusion à des faits très postérieurs en date à ceux qu'il relate dans l'ordre chronologique.

2. Savary, t. II, p. 259. Et Kleber le renvoyait à son poste, ce qui ne laisse pas supposer que Marceau remplît alors des fonctions égales aux siennes.

revenir en Vendée. Cet ensemble de circonstances suffirait peut-être à expliquer que Kleber ait plus tard personnifié dans son jeune et bientôt illustre ami Marceau l'armée de Luçon combattant devant Cholet.

Nombre d'exemples montrent combien, à cette époque agitée, la confusion des souvenirs était facile. Ainsi le conventionnel Choudieu, alors en mission auprès de l'armée de Saumur, écrivait plus tard ce qui suit : « Ce ne fut que le 15 octobre que l'armée de Saumur rentra dans Châtillon. La division de Luçon, commandée par *Chalbos*, avait fait sa jonction *la veille* à Mortagne avec l'armée de Mayence. » Non seulement Chalbos ne commandait pas l'armée de Luçon, mais il n'était même pas en communication avec elle, et la jonction de cette armée avec celle de Mayence à Mortagne n'eut pas lieu le 14, mais bien le 15 octobre (1). — Que dire des erreurs de Savary lui-même ? Savary entouré de documents, Savary, habitant du pays, Savary, qui participa à tous ces événements, écrivant quelques années plus tard ses notes et renseignements pour servir de complément au travail de Kleber (2), fait commander la colonne de Luçon, marchant sur Cholet, et fait livrer la bataille de la Tremblaye, non point par Bard, mais par le général Lecomte, qui avait été tué le 11 octobre précédent dans l'armée de Chalbos. Ce n'est que plus tard que Savary s'aperçut de son erreur, assurément moins excusable que celles qui ont pu se glisser dans les souvenirs de Kleber. Savary étant

1. *Souvenirs historiques* publiés par la *Revue de la Révolution*, année 1888.

2. Archives hist. de la guerre. Carton des Mémoires sur la Vendée. Pages 18 et suivantes du manuscrit.

devenu le guide de toute une série d'historiens des guerres de la Vendée, il a, comme on le voit, tenu à peu de chose que Bard ne perdît complètement devant l'histoire l'honneur des opérations militaires où il fut couvert de blessures.

Quant à Marceau, malgré les lacunes des premiers documents, sa présence et son rôle à la Tremblaye ont été interprétés à juste titre comme le brillant début d'une admirable et trop courte carrière. Ce n'est pas toutefois le soir, ni le lendemain de la Tremblaye, ni même le surlendemain, jour de la bataille de Cholet, que nous voyons les représentants le nommer général de brigade. C'est seulement lors de l'arrivée à Beaupréau qu'ils lui confèrent « provisoirement » ce grade, et ils arrêtent « qu'il en remplira *dès ce moment* les fonctions, » sans attribution du commandement de l'armée de Luçon, qui passa à Canuel (1). Marceau avait-il jusque-là, pendant quatre journées décisives, conservé, par intérim et sans désignation, le commandement, qui lui aurait, dans ce cas, été enlevé au moment où on lui donnait le grade voulu pour l'exercer? L'arrêté des représentants, motivé sur la bravoure, les talents militaires et le patriotisme de Marceau, ne fait aucune allusion à un intérim de ce genre, et on n'eût pas sans doute dépossédé un chef d'armée au lendemain de deux batailles gagnées avec son concours. Marceau a lui-même déclaré (2) que, sur la rive gauche de la Loire,

1. Cet arrêté, qui est aux Archives administratives de la Guerre, a été reproduit par Hippolyte Maze, *Le général F. S. Marceau, sa vie, sa correspondance* d'après des documents inédits, un vol. gr. in. 8°, Paris, 1889, et par Noël Parfait, *Le général Marceau,* un vol in. 8°, Paris, 1892.

2. L'echelle retint Marceau à son état-major. (Savary, t. II, p. 281.)

il n'avait servi qu'en sous-ordre et non comme général
commandant. L'original de cette déclaration, signée
de sa main, est aux Archives Nationales (W. 22) dans
le dossier de l'information suivie, en l'an III, « contre
Huchet, Grignon et autres. » Interrogé sur « les
excès, propos et actes arbitraires commis dans la
Vendée, » le général de division Marceau « dit
« n'avoir aucune connaissance particulière d'actes
« arbitraires commis dans la Vendée depuis le mois
« d'août jusqu'au mois d'octobre 1793 (v. s.); qu'il a
« fait la guerre sur la rive gauche de la Loire (pays
« connu vulgairement sous le nom de Vendée); a
« seulement vu exécuter dans ce pays la loi d'août
« par les différents *généraux qui y ont commandé*, et
« ce sous les yeux des représentants du peuple près
« l'armée. Le général Marceau n'était alors qu'adju-
« dant-général, attaché à une division, dite de Luçon...
« *Signé* : Le Général de division commandant l'aile
« droite de l'armée de Sambre et Meuse, MARCEAU. »
Si Marceau était entré dans Cholet comme commandant de l'armée de Luçon, il semble qu'il se serait
expliqué en d'autres termes, puisqu'il aurait eu pendant plusieurs jours, et dans des cisconstances particulièrement graves, la responsabilité des actes de
cette armée.

D'autre part, le général Bard, dans une lettre du
11 janvier suivant, que nous reproduisons plus loin,
parle des blessures qu'il a reçues « devant Chollet »,
et beaucoup de récits précisent qu'il fut effectivement
blessé en deux endroits, à la Tremblaye et sous les
murs de Cholet. Les détails donnés sur la participation de Bard à cette seconde bataille impliquent qu'il
avait repris le commandement de son armée.

En l'absence de pièces concluantes, on marche ici

dans les ténèbres. Aussi nous bornerons-nous provisoirement à combiner les renseignements des historiens sans prétendre y rien ajouter, et sans les corroborer par des éléments nouveaux et personnels, que nous avons vainement recherchés.

L'ennemi repoussé sur tous les points se retire dans Cholet. Les républicains y pénètrent le lendemain matin après quelques instants d'un feu d'artillerie. Les blancs ont évacué la ville. On prend des dispositions pour le cantonnement des troupes. L'armée venant de Châtillon, sous la conduite de Chalbos, est annoncée.

Plusieurs conseils de guerre furent alors tenus. Dans l'un d'eux, d'après Savary, Kleber proposa la marche en avant. Tous les chefs de l'armée de Mayence, le représentant Merlin, qui venait également de Mayence, et Marceau (1) se rangèrent à l'avis de Kleber; les autres généraux et représentants le repoussèrent.

Un historien local, très abondant en renseignements, (2), nous fait connaître qu'un conseil de guerre, qui n'était pas le premier depuis l'entrée à Cholet, « fut tenu, le 17, sur les neuf heures du matin, au château de la Treille. Les représentants qui s'y trouvèrent réunis étaient Merlin, Bourbotte, Bellegarde,

1. Marceau participait au conseil de guerre, non pas sans doute comme adjudant-général, mais plutôt comme chargé du commandement de la cavalerie ou de l'artillerie, ce qui en faisait un chef de corps. Tel était probablement aussi le cas du mayençais Jordy, mentionné quelques lignes plus loin. Jordy, alors adjudant-général, ne fut promu général de brigade que le 3 janvier 1794, à la reprise de Noirmoutier.

2. Deniau, *Histoire de la Vendée*, t. III, p. 44.

Fayau, Choudieu, Carrier, Turreau de Linières, cousin du général Turreau; les généraux présents étaient Beaupuy, Haxo, Vimeux, Marceau, Bard, Muller, Jordy. Chalbos et Westermann. L'echelle était resté en ville,» et ne connut le résultat qu'ultérieurement.

Sur ces entrefaites, l'armée catholique royale, sortie la veille de Cholet, se rabat sur cette ville.

Alors s'engage une nouvelle bataille.

La bataille de Cholet a été si diversement racontée, selon le point de vue des narrateurs, qu'il est peut-être à propos d'en demander le récit à un écrivain purement militaire. Nous l'empruntons à l'ouvrage intitulé : « *Dix années de Guerre intestine,* présentant « le tableau et l'examen raisonné des opérations des « armées royalistes et républicaines dans les dépar-« tements de l'Ouest, par F. L. Patu-Deshauts-« champs, lieutenant-colonel d'état-major, publié « avec approbation du ministre de la guerre, « Paris, 1840. »

« Le 17, l'armée catholique, ayant pour généra-lissime d'Elbée, et pour lieutenants Bonchamps, La Rochejaquelein, Stofflet, Royrand et les autres chefs, sortit de Beaupréau avec une artillerie considérable. Masquées par les bois, leurs colonnes arrivent sans être aperçues jusqu'en face des troupes républicaines campées sur les hauteurs dont Chollet est entouré, et qu'elles croyaient surprendre; mais par une précaution qui peut-être sauva l'armée, le général en chef Lechelle, sur l'avis de Kleber, avait fait mettre à terre tous les havre-sacs avec ordre à chacun de garder son rang, de sorte que lorsque les royalistes eurent, par le feu très vif de leurs nombreux tirailleurs, fait replier les avant-postes de

l'armée républicaine, elle se trouva au premier coup
de baguette rangée en bataille.

« La ville de Chollet, sur le territoire de laquelle
allait se passer une lutte qui devait décider du sort
de la Vendée, est située sur un terrain presque en
amphithéâtre, dominé par des hauteurs en partie boi-
sées ; elle est d'une assez grande importance tant par
ses fabriques de toiles qui occupent une population
de plus de trois mille habitants, que parce qu'elle présente un débouché facile au commerce par les routes
d'Angers, de Saumur et des Sables qui la traversent :
ce fut sur la lande de la Jouinière que l'armée royaliste, venant par la route de Beaupréau, se déploya
devant Chollet.

« Comme la rivière de Moine couvre cette ville du
côté de Châtillon, le général Kleber que les représentants du peuple chargèrent de la conduite des opérations, attendu le peu de capacité du général en chef
Léchelle (1), se contenta de laisser dans cette partie
un bataillon commandé par Targes, un des plus braves

1. Le colonel Patu-Deshautschamps va suivre en grande partie les
indications de Kleber, qui dit notamment : « La nullité de Léchelle
« avait déterminé les représentants à me confier la conduite des opé-
« rations, dont je devais toutefois rendre compte à ce général avec
« les égards d'usage. » (Savary, t. II, p. 261). — Jean Reynaud (*Vie
de Merlin de Thionville*) ajoute que « son inaptitude une fois établie,
« on en vint à ne plus lui rendre compte. » Néanmoins les échecs
qui se produisirent plus tard sont imputés, par Kleber lui-même, à
l'incapacité et à l'entêtement du général en chef, de sorte que
L'echelle n'est rien quand un succès est obtenu, et qu'il devient tout
lorsque le résultat est défavorable. Cette manière de présenter les
faits servait l'intérêt de tous, et spécialement de ceux qui, dès le premier jour, étaient entrés en lutte avec le nouveau général en chef ;
quant à lui, étant mort le 11 novembre, il ne pouvait réclamer. Sans
contester la médiocrité et la faiblesse de L'echelle, il est permis de
croire qu'on en a un peu trop tiré parti.

officiers supérieurs de l'armée, et disposa les troupes dans la lande de Bégrolle, en avant du faubourg de Chollet, sur une ligne formant un arc dont cette ville était le centre, et dont les extrémités s'appuyaient, à gauche, au château de la Treille, et. à droite, à celui de Boisgroleau.

« Le terrain étant plus ouvert en avant du bois de Chollet sur la route du May, il fut désigné pour l'avant-garde commandée par Beaupuy, que soutint la division de Saumur formant la seconde ligne de gauche, masquée par ce bois qui est assez étendu.

« Le général Haxo, avec la réserve forte de quatre mille hommes, soldats d'anciens régiments de ligne, fut chargé de couvrir la route de Saint-Macaire, et de soutenir au besoin l'avant-garde et la gauche de la ligne.

« La division de Luçon sous les ordres du général de brigade Bard, qui remplaçait Beffroy (1), et de l'adjudant-général Marceau, occupa le centre de la ligne en avant de Chollet, avec mission de garder les débouchés de Chemillé par la traverse de Trémentine.

« Les brigades des généraux Scherb et Vimeux, de la division de Mayence, placées à la droite de celle de Luçon, devaient la soutenir, et défendre la grande route de Chollet aux ponts de Cé par Chemillé, en s'appuyant au ravin de la Moine.

« L'artillerie fut distribuée aux différents débouchés.

« La division Chalbos, qui n'arriva, ainsi que la division Muller, que dans la nuit du 16, s'établit à l'extrême droite de la ligne en avant du château de

---

1. Patu-Deshautschamps a écrit « qui remplaçait Mieszkowsky », par un évident *lapsus calami,* que nous rectifions.

Boisgroleau, dans la prairie duquel on plaça le parc d'artillerie sous la garde de la division Muller.

« La réunion de ces troupes présentait une force de vingt-trois mille combattants.

« Les chefs royalistes, réglant leur ordre de bataille sur celui des républicains, partagèrent leur armée en trois attaques, celle de droite commandée par La Rochejaquelein et Duchaffaut, celle de gauche sous les ordres de Stofflet et de Marigny, et Bonchamps conduisit l'avant-garde précédant le corps principal, qui formait le centre de l'armée catholique, dont d'Elbée dirigeait les mouvements.

« Ces trois corps, marchant chacun pour la première fois en colonne serrée comme de la troupe de ligne, et précédés d'excellents tireurs, commencèrent le feu vers les deux heures de l'après-midi, par une fusillade à demi-portée, et s'élancèrent au pas de course contre les républicains, dont l'avant-garde soutint d'abord avec assez de fermeté le premier choc; mais se voyant pressé trop vigoureusement, Beaupuy demanda à Kleber deux bataillons de renfort. Celui-ci, qui savait que dans un pays coupé tel que les environs de Chollet, l'absence d'un seul bataillon sur la ligne qu'on doit défendre peut jeter dans un grand embarras, ne voulut point dégarnir la sienne et fit dire à Beaupuy que, s'il était trop poussé, il eût à se retirer sur le bois de Chollet que garnissaient deux bataillons de la division de Saumur.

« L'attaque du corps principal des vendéens contre la division de Chalbos obtint d'abord quelque succès; malgré sa vive résistance, la brigade du général Chalbos fut rompue et enfoncée; la masse des royalistes, pénétrant alors par cette trouée, se répandit selon sa coutume en demi-cercle à droite et à gauche de la division de Chalbos, pour l'envelopper et la prendre à revers, pendant que Stofflet et Marigny poussaient la division Bard avec une telle impétuosité qu'ils la firent reculer, et que même plusieurs de leurs soldats pénétrèrent dans le faubourg de Chollet. Pendant plus de deux heures tous les efforts des républicains pour repousser leurs ennemis devinrent inutiles ; déjà même le parc d'artillerie, abandonné par la division Muller, était tombé au pouvoir des royalistes, lorsque, par un mouvement aussi rapide qu'audacieux, Haxo, passant avec la réserve entre la ville et un ravin profond qui dérobe sa marche, attaque en flanc le corps de Stofflet, le culbute et reprend les canons.

« A la vue de ce secours inespéré, Bard rallie les grenadiers de sa division, et, leur montrant les Mayençais qui reprennent l'offensive : « Camarades! « s'écrie-t-il, vous laisserez-vous arracher par d'au-« tres la gloire de cette journée? En avant, grena-« diers, en avant ! » — « En avant ! » répète à grands cris cette troupe d'élite enflammée d'une noble émulation. Bard la ramène au combat, reforme sa ligne et ordonne de charger à la baïonnette la masse épaisse des vendéens qui, se croyant sûrs de la victoire, n'observaient plus aucun ordre. Beaupuy lance en même temps la cavalerie mayençaise contre cette masse, qui, pressée de tous côtés, tourbillonne, se désunit et se débande, malgré les exhortations, les menaces et l'exemple de ses chefs, dont plusieurs, entre autres d'Elbée et Bonchamps, tombent grièvement blessés en cherchant à ranimer le courage de leurs soldats. L'absence de ces deux généraux, qu'on emporte hors de la mêlée, porte la consternation parmi les vendéens, qui s'enfuient vers Beaupréau, laissant sur le champ de bataille plusieurs mille des leurs, tués ou blessés, et presque toute leur artillerie.

« La bataille ne finit qu'à huit heures du soir; les républicains eurent de cinq à six cents hommes tués, dont trois chefs de bataillon, et plus de sept cents blessés, au nombre desquels trois chefs de brigade et beaucoup d'officiers subalternes. »

Les paroles que l'historien de Beauchamp (1) attribue au général Bard sont sensiblement analogues à celles que rapporte Patu-Deshautschamps. « En même temps, » dit-il, « le général Bard couvert de blessures, rallie les grenadiers de l'aile droite, et leur dit en montrant la division de Mayence qui chargeait les royalistes : « Camarades ! souffrirez-vous que les « Mayençais viennent vous arracher le fruit de cette « journée? Voulez-vous passer pour des lâches? A « moi, grenadiers ! Marchons, chargeons encore une « fois les rebelles, et je vous promets la victoire ! » Aussitôt les grenadiers font volte-face et reforment leur ligne.

Les *Mémoires* de Kleber gardent le silence sur cet épisode, et ne mentionnent pas le général Bard. Kleber rapporte la débandade de la division Muller, qui laissa « la gloire de cette journée à l'armée de

1. Alph. de Beauchamp, *Histoire de la Guerre de Vendée*, 4e édition, 4 vol. in-8, Paris, 1820. Cet ouvrage a été rectifié ou complété sur certains points, mais il n'en présentait pas moins, à l'époque où il a paru, beaucoup de renseignements nouveaux et importants. Les fonctions de l'auteur lui avaient procuré la facilité de dépouiller un grand nombre de cartons officiels, de dossiers et de documents non accessibles aux recherches des historiens, et disséminés ou disparus depuis.

« Mayence et à la colonne de Luçon. » Il dit que
cette dernière formait le centre « aux ordres de Marceau », et que « ce brave et jeune guerrier ainsi que
« ses dignes compagnons d'armes avaient fait voir la
« veille (1) ce qu'ils valaient et ce qu'ils pouvaient
« faire. » A un moment où les rebelles revenaient à
la charge, « Marceau les voit et, sans s'émouvoir, il
« fait avancer son artillerie, qu'il a soin de masquer.
« La horde fanatique n'est plus qu'à une demi-portée
« de fusil, ne se doutant point du stratagème; à
« l'instant la mitraille renverse des files entières. Les
« rebelles étonnés s'arrêtent, s'ébranlent, tournent le
« dos et suivent l'exemple de leur droite. »

Savary reproduit, comme toujours, le récit de
Kleber pour toutes les péripéties de la bataille, et il
ajoute qu'il est « vraiment curieux » de comparer à
ce récit et au rapport de Beaupuy les mêmes faits
racontés par les historiens de la Vendée. Tout y est
différent : « le lieu de la scène, l'ordonnance des
troupes, les manœuvres des généraux. » Ce qui est,
à notre avis, plus curieux, c'est que cette diversité
d'affirmations n'ait pas éveillé chez Savary quelques
doutes relativement aux circonstances que nul n'avait
intérêt à travestir.

Le rapport du général en chef L'echelle, très sommaire, paraît donner assez exactement les grandes
lignes de l'affaire, mais, suivant l'habitude que nous
avons notée, il ne nomme personne.

Il n'y eut malheureusement aucun rapport rédigé
par Kleber à l'époque des événements.

Le seul général qui, en dehors de L'echelle, ait fait
un rapport sur la bataille de Cholet, est Beaupuy,

---

1. Évidemment Kleber a voulu parler de l'avant-veille.

qu'invoque Savary. Or Beaupuy ne fait pas mention de la colonne de Luçon qui, au dire de Kleber, eut, avec l'armée de Mayence, la gloire de cette journée, et il ignore l'heureuse manœuvre accomplie par Marceau. Le brave mayençais Beaupuy n'a certainement pas songé à taire les mérites d'une troupe rivale; c'était une âme aussi loyale qu'intrépide, très supérieure à toute considération mesquine. Le silence de son rapport n'en est que plus caractéristique; il atteste une fois de plus que les récits de bataille sont presque toujours incomplets, même et surtout lorsqu'ils émanent des combattants. Il y a plus. D'après le même rapport, Beaupuy dès le début combina ses mouvements avec Blosse: il se trouvait encore avec lui à la fin de la bataille. Or pas un mot n'est accordé à la valeur éclatante de cet officier. Pas une mention n'est faite non plus par Beaupuy du rôle important joué par les grenadiers, sauf, tout au début de l'action, « un très beau feu de filé commandé par [le chef de « bataillon Verger. » Voilà quel est le récit de la bataille écrit sur-le-champ par le témoin le plus immédiat et le plus autorisé, narrant, dans toute la sincérité de son âme, les faits auxquels il vient d'assister.

En dépouillant les archives de l'armée de l'Ouest au Ministère de la Guerre, nous n'y avons trouvé, en dehors des rapports de L'echelle et de Beaupuy, que le rapport à la Convention nationale dressé à Beaupréau, le 18 octobre, par les représentants du peuple Bellegarde, Choudieu, Fayau, Bourbotte, Turreau, Carrier, Merlin (de Thionville). Ces représentants avaient assisté, et même participé pour la plupart, à l'action. Leur relation aurait pu éclaircir bien des points obscurs. Mais en rendant compte du retour offensif des vendéens sur Cholet et de l'entrée des républicains à Beaupréau, ils ne fournissent aucune indication sur les manœuvres des diverses armées, ni sur les généraux républicains.

Le 21 octobre, un rapport assez étendu est adressé d'Angers au Comité de Salut public (1) par Bourbotte, Turreau, Choudieu et Francastel. Dans l'historique des dernières journées, la bataille de Cholet n'est que résumée par les lignes suivantes : « Ils sentirent « sans doute que la perte de Chollet et de Mortagne « devait entraîner leur destruction totale, et qu'ils « n'avaient de ressources qu'en nous reprenant ces « deux postes importants. Aussi dès le lendemain ils « vinrent nous attaquer ; jamais rage ne fut plus grande « que celle qu'ils mirent dans cette nouvelle attaque ; « jamais peut-être bataille ne fut plus sanglante ; elle « dura environ depuis midi jusqu'à huit heures du « soir qu'ils furent mis en déroute, après avoir laissé « sur la place dix pièces de canon et une foule de « morts. » Rien de plus, et le rapport se termine ainsi : « Nous ne parlerons pas en ce moment de tous « les braves de notre armée qui, dans toutes ces der- « nières actions, ont fait des prodiges de valeur. Cette « liste intéressante vous sera incessamment soumise ; « nous vous annonçons avec plaisir qu'elle sera lon- « gue et nombreuse, et c'est par cette raison qu'elle « mérite un travail particulier. » En attendant cette liste, qui ne parut jamais, aucun officier n'était si- gnalé (2).

---

1. Aulard, *Recueil des Actes du Comité de Salut public*, à sa date.
2. Voici comment est libellé l'arrêté nommant provisoirement Marceau général de brigade au lendemain de la bataille de Cholet : « Au nom de la République française une et indivisible, les repré- « sentants du peuple près l'armée de l'Ouest, réunis à Beaupréau, « en considération du courage, de la bravoure et des talents mili-

Marceau écrivit simplement de Beaupréau (19 octobre) à son ami Sevret (1) : « Nous venons d'essuyer « deux combats terribles, qui ont été longtemps sou- « tenus avec énergie de part et d'autre (2). La vic- « toire a été balancée, mais nous avons enfin forcé « les ennemis à prendre la fuite. L'ennemi a repassé « la Loire (3). »

Le 20 octobre, Carrier, qui avait perdu son cheval à la bataille de Cholet, envoyait de Nantes au Comité de Salut public un rapport, qui fait suite à celui du 16 sur les batailles de la Tremblaye et de Saint-Christophe. Cette fois Carrier ne parle plus du tout de Kleber, et ne parle pas encore de Marceau. Il ne mentionnera celui-ci que dans sa longue lettre, du 12 novembre,

« taires que l'adjudant-général Marceau a développés dans toutes « les circonstances depuis son activité dans la guerre contre les « rebelles de la Vendée, et d'après la connaissance qu'ils ont « acquise de son patriotisme pur et soutenu, le nomment provisoire- « ment général de brigade, arrête qu'il remplira dès ce moment les « fonctions, et qu'il sera envoyé au Conseil exécutif copie du présent « pour le mettre promptement à même de rendre justice à un bon « citoyen en confirmant cette nomination par l'expédition du brevet « de général de brigade. —A Beaupréau, le 27 vendémiaire an II « (18 octobre 1793). Bourbotte, Carrier, Bellegarde, L. Turreau, « Choudieu, Fayau, Merlin. » (Noël Parfait, ouvrage cité.)

1. Lettre publiée par Sergent-Marceau, page 112 de ses *Notices historiques* sur le général Marceau, un vol. in-12, Milan, 1820.

2. Kléber écrira plus tard : « Les rebelles combattaient comme des tigres, et nos soldats comme des lions. »

3. Westermann, autre combattant de cette journée, ne nous renseigne pas plus que Beaupuy, et que Marceau lui-même, sur l'armée de Luçon. A la vérité son mémoire intitulé *Campagne de la Vendée*, imprimé à Paris trois mois plus tard, ne pouvait entrer dans tous les détails. Du reste, les événements comme les personnes prennent parfois une physionomie assez différente sous la plume de Westermann et sous celle de Kleber, quoique ces deux soldats, plus ou moins frondeurs, fussent manifestement d'une égale sincérité.

6

au Comité de Salut public, où il donne son opinion sur les généraux employés alors à l'armée de l'Ouest, et revient sur tout ce qui s'est passé depuis la nomination de L'echelle. Dans cette dernière lettre, le violent conventionnel, qui s'exprime avec une liberté de langage intéressante, proclame le mérite de Kleber « le plus capable peut-être de tous les généraux de la « République », glorifie la garnison de Mayence, attribue quelques bons bataillons à l'armée de Luçon, mais, bien qu'il complète ses précédents renseignements sur la bataille de Cholet, il omet de s'expliquer sur les services rendus par les chefs républicains au cours de cette bataille. Les événements auxquels il assista lui suggèrent seulement les réflexions suivantes : « Les généraux Robert, Marceau, « Canuel, Muller, voilà des révolutionnaires fou- « gueux, des républicains prononcés et par principes, « des militaires pleins de courage, pleins de talents. « Quel dommage que ces enfants de la Révolution ne « possèdent pas entièrement toutes les connaissances « de la tactique militaire, des plans de campagne ! « On peut ranger sur cette ligne le brave Rossignol; « il exécute très bien les dispositions d'un plan d'at- « taque ou de défense, mais les combiner lui-même, « il faut l'avouer, il n'en a pas le talent (1). » A lire ces réflexions il semble que leur auteur ait ignoré les titres particuliers que Marceau s'était créés (2), et que

---

1. *Revue rétrospective*, tome X ; et Aulard, à sa date.

2. Le jeune héros se trouve placé en une compagnie assez mélangée. Robert, ancien artiste dramatique, était ce chef d'état-major dont la négligence ou l'impéritie avait failli compromettre l'armée de Luçon. Muller manquait trop souvent de sobriété. Quant à Canuel, ancien aide de camp de Rossignol, qui lui avait destiné le commandement de l'armée de Luçon (Lettre du 7 octobre au ministre ; arch.

Kleber a mis en lumière dans le passage rapporté plus haut.

Tels sont les témoignages de la première heure ou des premiers jours. On voit qu'ils présentent de graves lacunes, et laissent aux multiples investigations de l'histoire le soin de préciser les faits. C'est ce que Kleber entreprendra plus tard dans un récit d'ensemble. Ce récit est loin de concorder sur tous les points avec les premiers renseignements ci-dessus énumérés. Mais, si l'on aurait tort de dédaigner ceux-ci, car ils ont l'avantage de provenir de sources diverses et de jaillir pour ainsi dire des événements mêmes, il est évident que l'exposé fait par Kleber doit être néanmoins considéré comme serrant de très près la réalité, soit dans les grandes lignes, soit dans

hist. de la Guerre), il fut membre de la Chambre Introuvable et commandant de Lyon sous la Restauration, après avoir essayé pendant les Cent-Jours de ressusciter l'insurrection vendéenne. Devenu royaliste fougueux, ses violences dans l'exercice de son commandement furent telles que le gouvernement de Louis XVIII, après l'avoir créé baron, se vit obligé d'ouvrir contre lui, en 1818, une information judiciaire, qui le retint plusieurs mois à la Conciergerie. Ces trois noms encadrent singulièrement une des plus irréprochables figures de notre histoire militaire. Marceau n'attendit pas longtemps pour montrer la différence qu'il y avait entre de pareils hommes et lui. — L'éloge que lui accordait Carrier était sans arrière-pensée, car ce n'est pas un des spectacles les moins curieux de cette époque pleine de contrastes que de voir Carrier se concilier par ses bons procédés l'estime et la sympathie de Kleber qui lui écrivait, le 18 janvier 1794 : « Carrier, je te serai éternellement attaché ! » et de Marceau qui lui mandait, le même jour : « Ma reconnaissance et mon amitié sont « pour toi sans bornes..... Conserve ta santé, c'est une chose pré- « cieuse ; car comme il est encore des conspirateurs, il faut de bons « gaillards pour les détruire, c'est-à-dire des hommes comme nous. » (Noël Parfait, ouvrage cité, p. 329.) Le Comité de Salut public se montra plus clairvoyant en proposant, le 6 février, le rappel de Carrier, qui fut remplacé à Nantes par Prieur (de la Marne).

la plupart des détails. Il faut lui accorder une très grande confiance à cause de la personnalité de l'écrivain et de sa participation prépondérante aux opérations militaires dont il s'agit. S'ensuit-il que cet exposé soit absolument complet, toujours exact, en un mot, infaillible? Doit-on le tenir pour définitif? Et n'est-il pas un peu excessif, de la part de Savary, d'exclure toute autre version? Celle de Kleber comporte certainement des corrections, et elle peut encore mieux recevoir des additions.

C'est d'ailleurs cette version même qu'a suivie, en la complétant, l'historien militaire cité par nous. Le colonel Patu-Deshautschamps écrivait un certain nombre d'années après la publication du travail de Savary. Il a pu en combiner impartialement les résultats avec d'autres données qui lui ont paru mériter d'être accueillies, et qui ont été confirmées plus tard par des auteurs non moins informés. Il n'a certainement pas évité les erreurs ; nous en avons relevé dans son ouvrage. Mais il est sans doute peu de batailles qui offrent plus de sujets d'incertitude que celle de Cholet pour quiconque aurait l'ambition d'arriver à la vérité historique (1). On supprime

1. Il n'est pas jusqu'à la date même de la bataille (17 octobre) qui n'ait été l'objet d'indications contradictoires. Nous avons eu sous les yeux des documents contemporains d'où l'on induirait que cette bataille a eu lieu le 16 octobre, et nous en avons rencontré d'autres qui la fixent au 18. C'est le cas de Savary lui-même, dans [le manuscrit de son premier travail, où nous relevons le passage suivant, qui prouve d'une manière frappante combien les observateurs les plus attentifs et les plus à même d'être renseignés sont sujets à l'erreur : « Le 16 de grand matin, l'avant-garde aux ordres du général Beaupuy traverse Chollet, se porte sur la route de Beaupréau, et prend position dans la lande de Chollet à une demi-lieue de cette ville. *Deux jours se passent* pour procurer des vivres, donner du repos à la

assurément toute difficulté en s'en tenant à un seul récit, tentation assez excusable quand il est signé Kleber.. Seulement c'est un procédé trop commode ; on en pourrait dire ce que Kleber disait des plans de L'echelle : L'avantage de ce système, c'est qu'il n'est pas besoin de se mettre l'esprit à la torture pour le concevoir. La véritable critique historique est peut-être plus exigeante. Quant à nous, obligé de nous en rapporter à autrui dans cette partie de notre étude, nous nous bornons à constater que les écrivains qui, après Savary et en ajoutant d'autres données aux siennes, ont approfondi à leur tour l'histoire des guerres de l'Ouest, n'ont pas pensé qu'il eût exposé d'une manière complète et définitive les événements qui se sont passés autour de Cholet.

En ce qui concerne particulièrement le général Bard, auquel nous revenons, voici comment s'exprime, en 1836, Du Chatellier, écrivant son histoire d'après les nombreux documents inédits qu'avait réunis un des représentants en mission pendant la guerre de Vendée, le conventionnel Guezno (1) :

troupe, organiser l'armée et arrêter un plan de marche. Il y eut plusieurs conseils de guerre, qui ne produisirent aucun résultat, [parce que le général en chef était par lui-même incapable de prendre aucune résolution raisonnée ; enfin je fus chargé (c'est Savary qui parle) de présenter un plan de marche qui fut adopté et qu'on devait exécuter le 19. Mais les rebelles nous prévinrent, et, le 18, à une heure après midy, ils attaquèrent l'avant-garde avec une impétuosité telle que nos troupes eurent peine à soutenir le premier choc. » (Archives hist. de la Guerre. Carton des Mémoires sur la Vendée.)

1. Guezno (d'Audierne), que nous allons voir prochainement en mission, et qui fut plus tard l'ami de Hoche, avait rassemblé une quantité de documents, et en avait rempli cinq malles, qu'il laissa chez un notaire de son pays, lorsqu'il partit pour l'exil en 1816. Ces malles furent cachées derrière des planches dans le grenier du notaire. Guezno les y retrouva en 1830, et les confia à cette époque à

6.

« Les troupes de Stofflet et de La Rochejaquelein attaquent immédiatement les républicains qui s'étaient formés sur les hauteurs, à l'est de Cholet, et tandis que les ailes de droite et de gauche sont ainsi vivement serrées par les colonnes vendéennes, Bonchamps et d'Elbée, se portant sur le centre, où commandait le général Chalbos, ébranlent à la fois toute la ligne républicaine. Mais le général Bard, qui avait été blessé en chargeant à la tête des grenadiers de la Convention, se sentant appuyé des Mayençais, que Kleber avait tenus en réserve, s'écrie : « Cama- « rades, voulez-vous passer pour des lâches aux « yeux de ces braves ? » et le combat prend une nouvelle face. Bientôt l'artillerie républicaine, soutenant ce nouvel élan, jette le désordre partout, etc. » Cette version concorde assez bien avec la plupart des détails donnés par Savary lui-même. On s'explique que Bard eut sous ses ordres les grenadiers de la Convention ; c'était le corps de Blosse, qui avait été désigné pour servir de renfort à l'armée de Luçon, et qui opéra généralement avec elle. Quant à l'artillerie républicaine soutenant l'élan des bleus, on y reconnaît aisément la manœuvre commandée par Marceau, et dont Kleber signale l'habileté.

Nous pourrions multiplier les citations relatives au rôle du général Bard à Cholet (1), nous n'en ajouterons que deux.

Du Chatellier, qui en tira l'important travail intitulé : « *Histoire de la Révolution dans les départements de l'ancienne Bretagne*, ouvrage composé sur des documents inédits par A. Du Chatellier, Paris et Nantes, 1836. » Ce travail, qui forme six volumes in-8°, est donc, comme celui de Patu-Deshautschamps, sensiblement postérieur au livre de Savary.

1. Mentionnons seulement, pour prendre des érudits d'origine, de

Voici ce que dit Crétineau-Joly dans son *Histoire de la Vendée militaire*, édition définitive de 1865, œuvre de parti, mais écrite par un auteur possédant à fond son sujet : « Soudain le général Haxo, qui, avec Sainte-Suzanne, a le commandement de l'arrière-garde, change la face du combat. Il coupe entre Chollet et un ravin, se jette sur le flanc des royalistes, culbute par cette manœuvre les troupes de Stofflet, et, sur les canons qu'ils viennent de conquérir, il tue leurs nouveaux artilleurs. Le général Bard, dont le sang coule par trois blessures, saisit l'importance de la manœuvre que fait Haxo. Beaupuy se place au front de la cavalerie des Mayençais et les grenadiers de Bloss et les dragons de Bard fendent la ligne épaisse que les vendéens ont formée. Le 109e régiment de ligne perce, musique en tête, au milieu

méthode et de tendances diverses : Joseph Guérinière, *Histoire générale du Poitou* (jusqu'à la pacification de Hoche), 2 vol. gr. in-8°, Poitiers, 1838-1840, dédiés à Augustin Thierry ; — Eugène Veuillot, *Les Guerres de la Vendée et de la Bretagne*, un vol. in-8°, 3e édition, Paris, 1868, résumé des événements, dans lequel l'auteur a apporté avec ses opinions personnelles, une précision assez rare dans ce genre d'ouvrages ; — A. Bitton, *Chroniques fontenaisiennes*, publiées d'abord dans la Revue du Bas-Poitou à partir de 1888, puis dans les Annuaires de la Société d'émulation de la Vendée, à partir de 1893. On lit au début de cette publication que son auteur « qui a long-temps habité le chef-lieu de la Vendée et que B. Fillon avait bien voulu associer à ses travaux de reconstitution des archives historiques de Fontenay (10 vol. manusc. in-folio), a eu entre les mains une mine abondante et précieuse de documents généralement inédits, d'une authenticité incontestable et empreints d'un caractère officiel. Il a su tirer parti des documents dont son illustre collaborateur lui donna communication... en y ajoutant les recherches qu'il a faites dans des différentes collections publiques et privées ; » — enfin le dernier écrivain militaire qui ait abordé ce sujet, H. Barthélemy, *Les Guerres de la Révolution*, Paris, 1893.

de la mêlée. Son attitude rend le courage aux bleus.
« Grenadiers, en avant! » s'écrie Bard, qui paie
d'audace. « En avant! » répètent les républicains.
La ligne des royalistes est rompue. Elle se reforme.
Beaupuy commande une dernière charge contre cette
masse de vendéens qui, pressée de tous côtés, tourbillonne, se désunit, se débande (1). »

D'après l'abbé Deniau qui, originaire du pays insurgé, affirme avoir documenté son *Histoire de la
Vendée* (2) avec une foule de renseignements inédits
et personnels, et l'avoir « écrite sur les notions les
plus authentiques, les plus exactes, les plus com-
plètes et les plus variées qu'on puisse désirer, » Bard
aurait harangué deux fois ses troupes. Lors de la première attaque, quand les généraux républicains ral-
lient sous la mitraille des blancs leurs troupes ébran-
lées, « Bard, dit Deniau, qui a été blessé à la Tremblaie, et qui, malgré ses blessures, est à la tête de sa
division, leur crie avec énergie : « Camarades, seriez-
« vous moins braves que les mayençais? Voulez-
« vous passer pour des lâches? » Puis, au moment
où se produit la manœuvre d'Haxo, qui surprend les
royalistes, « Bard, qui s'aperçoit de leur hésitation,
fait appel à ses grenadiers : « En avant, leur crie-t-il,
« en avant, grenadiers! La victoire ne peut nous
« fuir! » et il s'élance à leur tête. Il fait reculer encore
davantage les vendéens, mais, en exécutant sa charge,

1. Crétineau-Joly, 5ᵉ édition, tome I, p. 276.
2. Publiée à Angers en 1878 et 1879. Ces six forts volumes, consa-
crés aux guerres de la Vendée, constituent un travail considérable,
encore que l'auteur, entraîné par ses sympathies personnelles, ait eu
le tort, croyons-nous, d'accepter, comme parole d'évangile, un trop
grand nombre de récits, de mémoires ou de prétendus souvenirs, destinés à faire ressortir l'atrocité des bleus et les mérites des blancs.

il est atteint d'une nouvelle blessure. Beaupuy a imité Bard, il a rallié les soldats de son avant-garde, » et le combat se termine par la déroute des vendéens.

Ces récits très circonstanciés nous montrent Bard disputant aux mayençais l'honneur de la victoire. Il est certain que le commandant de la petite armée de Luçon ambitionnait d'en faire l'émule des belles troupes de Mayence. Très strict sur la discipline, il entendait conduire de vrais soldats et non des bandes désordonnées. Il y réussit, puisque l'armée de Luçon se distingua brillamment sous les murs de Cholet. Les harangues rapportées par les historiens sont donc tout à fait conformes aux sentiments qui animaient le général. C'est ainsi qu'il a dû parler, non seulement à Cholet, mais à la Tremblaye, lorsque le renfort envoyé par Beaupuy vint appuyer la colonne de Luçon.

Du côté des républicains comme du côté des royalistes les allocutions militaires étaient encore fort en usage. Un général était en contact permanent avec les soldats, combattait lui-même à leur tête, les entraînait par son exemple et par ses paroles. Il fallait trouver le mot qui saurait, au cœur de tous, éveiller ou exalter l'ardeur guerrière. L'ascendant personnel des chefs avait une importance considérable. Quelques jours plus tard le général Beaupuy, blessé, fera porter sa chemise ensanglantée dans les rangs de ses soldats pour enflammer leur courage.

CHAPITRE III

Commandement de Bard à Luçon,
18 octobre 1793-24 mars 1794.

L'armée de l'Ouest au nord de la Loire. Bard est ramené à Luçon. — Aspect du champ de bataille de la Tremblaye. — Charette et son armée restent en Vendée. — Opérations contre lui. — Importance de la place de Luçon. — Mesures de pacification ; Bard s'appuie sur les habitants. — Zèle inégal de ces derniers ; lettre [de Laignelot et Lequinio. — Mouvement de Charette vers la Haute-Vendée. Affaire des Quatre-Chemins. — Inaction des[armées de Nantes et des Sables chargées de poursuivre Charette. Lettre]de Bard aux administrateurs du département. — Le centre de la Vendée nettoyé. — Charette rentre dans la Vendée maritime. — Reprise de Noirmoutier par les républicains. — Lettre de Bard faisant connaître le succès de Joba sur Charette à Saint-Fulgent. — Situation désespérée de Charette. Les rassemblements de la Haute-Vendée dissipés. — Bard demande à se retirer. Lettre de Bellegarde. — Turreau, général en chef ; son plan. — Opposition du général Bard aux rigueurs de Turreau. Il sauve Fontenay. — Il préserve la région au nord de Luçon. L'adjudant-général Cortez. — Bard s'emploie à la protection des particuliers et du territoire. — Mission de Marc-Antoine Jullien. — Bard renouvelle sa demande de congé. — Ses observations au général en chef. — Procès-verbaux du comité de surveillance de Luçon. — Bard vient à Fontenay rassurer les habitants. Il sauve encore une fois la ville. — Opérations militaires. Le chef de brigade Joba. — Protestations des vendéens patriotes. — Rôle de Topsent et Guezno. Rôle de Lequinio.

Nous ne suivrons pas l'armée de l'Ouest pourchassant pendant deux mois les royalistes fugitifs sur la rive droite de la Loire et jusqu'aux bords de la Manche. Les vendéens maîtres de Château-Gontier et de Laval, et y ressaisissant la victoire, — la mort de L'echelle, — les fonctions de généralissime rendues à Rossignol après un intérim de Chalbos, — la belle résistance de Granville (14 novembre) interceptant les secours de l'Angleterre, — les royalistes désemparés revenant vers la Loire, — la direction de la guerre confiée provisoirement à Marceau, — les insurgés échouant devant Angers, remontant à Laval, chassés de cette ville et mis en pièces, le 12 décembre, par Marceau, Kleber et Westermann, puis anéantis, le 23 décembre, à Savenay, — tous ces événements sont en dehors du cadre de notre récit. Bard avait été ramené à Luçon par l'adjoint à l'état-major Périot (1) chargé d'accompagner le général « blessé en deux endroits ». Il revit, durant ce pénible trajet, les lieux qu'il avait parcourus à la tête de son armée. Les abords de Mortagne offraient le spectacle sinistre des pays que le fléau de la guerre vient de traverser. Le royaliste Bouthillier de Saint-André, qui passa par là le 18 octobre, en a laissé un tableau auquel nous empruntons quelques traits :

« Jamais, dit-il, spectacle plus affreux ne s'était encore offert à mes regards ; c'était la première fois que je voyais les suites d'un semblable carnage, et il me fit une impression inexprimable. Toute la route que nous parcourions depuis Cholet jusqu'à Mortagne où nous nous rendions, et surtout le voisinage de la Tremblaie, était jonché de cadavres : les uns gisaient nus, les autres à demi dépouillés... D'autres étaient à demi enterrés ; ces derniers étaient les plus hideux,

1. Chassin, t. III, p. 207.

et leur vue me causa une horreur indicible. On voyait des chapeaux, des casques, des bonnets, des armes brisées; des moutons coupés par la moitié, des chevaux éventrés, des matelas, des couettes, et autres effets pillés jetés pêle-mêle... Nos chevaux effrayés, obligés d'enjamber à chaque pas sur des corps morts, refusaient d'avancer, se cabraient, ruaient et nous causaient une grande frayeur. Nous remarquâmes que le nombre des républicains morts était beaucoup plus considérable que celui des vendéens, malgré qu'en définitive le champ de bataille fût demeuré aux premiers (1). »

Les blessures reçues par le général Bard le rendirent longtemps incapable de tout effort physique, et il ne s'en remit jamais complètement. En arrivant à Luçon il dut néanmoins conserver le commandement.

Cette place avait une importance spéciale et réclamait une vigilance de tous les instants. Pendant que la grande armée catholique-royale, avec les insurgés du Haut-Poitou et de l'Anjou, était allée se faire achever sur les champs de bataille du Maine et de la Bretagne, il restait, au sud de la Loire, une autre armée, nombreuse et hardie, combattant chez elle sur un terrain des plus avantageux, et commandée par un chef audacieux et opiniâtre, qui montra dans cette lutte des ressources extraordinaires. Charette avait quitté d'Elbée, Bonchamps, La Rochejaquelein et les autres généraux de l'insurrection, après l'échec de Kleber à Torfou et la rentrée des vendéens à Montaigu le 21 septembre. Ce départ a été sévèrement

---

1. Mémoires d'un père à ses enfants, cités par Deniau.

jugé par la plupart des écrivains royalistes ; quelques-uns affirment que le partage du butin fut l'origine de la discorde.

Quoi qu'il en soit, Charette, avec tous ses contingents, était revenu dans son pays de Retz, au bord de la mer, pour y continuer la guerre à son propre compte. Ce fut une guerre de partisans, toute d'incursions rapides, de massacres, de retraites précipitées, et de pillages quelquefois fructueux, au moyen desquels s'alimentaient en grande partie les insurgés. Les lieutenants de Charette ne lui cédaient point en énergie ; les principaux étaient Savin, La Cathelinière et Joly. Celui-ci, dans ses violences, n'épargnait pas les royalistes eux-mêmes ; il faisait des exemples en brûlant la cervelle à ses soldats et à ses officiers ; il fit fusiller son propre fils pris dans les rangs républicains. Son général en chef, dont il convoitait le commandement, le redouta jusqu'au jour où des paysans royalistes massacrèrent Joly. Avec de tels hommes, la guerre devint de plus en plus féroce. La grande armée catholique-royale avait déclaré qu'elle ne reconnaîtrait pas les mayençais comme prisonniers de guerre, sous prétexte qu'ils violaient les clauses de leur capitulation. L'armée de la Basse-Vendée eut pour règle ordinaire de ne pas faire de prisonniers.

Charette, disposant d'une vingtaine de mille hommes, réussit, le 12 octobre, à s'emparer de la grande île de Noirmoutier, accessible à marée basse. Le massacre des soldats prisonniers, des malades et des habitants suspects de patriotisme, fut ordonné après la reddition de la place. Désormais en communication avec l'Angleterre, Charette était maître du sud de la Loire depuis Nantes, et de toute la Vendée maritime jusqu'à Saint-Gilles-sur-Vie, qui résista cependant à ses attaques. Dans l'intérieur des terres il tenait campagne jusqu'aux environs de Montaigu et de la Roche-sur-Yon.

On lui opposa le général Haxo, placé sous les ordres de Vimeux, commandant supérieur de Nantes. Haxo fut chargé de reconquérir d'abord Noirmoutier. Les instructions du Comité de Salut public étaient fort pressantes et d'une pittoresque énergie. « Il faut que les républicains se montrent, qu'ils reprennent Noirmoutier, ou qu'ils l'engloutissent dans la mer. » Haxo se mit à l'œuvre sans tarder, avec le concours de l'adjudant-général Jordy, mayençais comme lui.

Les opérations entreprises exigeaient la surveillance la plus attentive et la plus active, pour que Charette ne pût gagner du terrain, soit du côté des Sables d'Olonne, où le général Dutruy remplaçait Mieszkowsky, soit du côté du Bocage, où les insurgés de la Basse-Vendée pouvaient être tentés de rallier quelques débris de l'armée d'Anjou et du Haut-Poitou. Au centre de la région intermédiaire, la garnison républicaine de Montaigu veillait sous les ordres du commandant Barbier ; elle relevait de Vimeux. Plus au sud les mouvements de Charette étaient tenus en observation par les avant-postes dépendant de Luçon, sous le commandement de Bard. Luçon restait donc, comme les Sables, et aussi Fontenay, une des sentinelles avancées de la République.

Cette paisible cité de Luçon subissait depuis quelques mois une transformation imprévue. Dominant du haut clocher de sa cathédrale les campagnes unies, basses et fiévreuses du Marais, qui s'étendent jusqu'à la mer, et la plaine qui se prolonge, avec de légères ondulations, jusqu'aux abords du Bocage, la vieille ville, religieuse et calme, où Richelieu avait préludé dans ses fonctions épiscopales à son rôle d'homme d'Etat, devenait une place de guerre, remplie du tumulte des armes et de toutes les ardeurs du patriotisme militant. Elle présentait, entre autres avantages, celui d'être le centre d'une région fertile et très abondante en ressources.

En dehors des opérations militaires proprement dites, des soins non moins graves incombaient au commandement. La grande armée catholique-royale de l'Anjou et du Haut-Poitou se trouvant rejetée au loin, le Bocage vendéen n'était plus en insurrection ouverte. Il convenait de rendre la pacification réelle et durable. Pour y arriver il fallait établir des postes en certains points, désarmer les populations douteuses, reconstituer les autorités locales, fortifier l'action des patriotes et décourager les efforts contraires. Dans les semaines qui suivirent la prise de Cholet, les communes des Herbiers, de Chambretaud, du Boupère, des Epesses, de la Chataigneraie, se repeuplèrent peu à peu ; les habitants reprenaient possession de leurs demeures et de leurs métairies, remettaient leurs armes, plantaient des arbres de la liberté et prêtaient serment de fidélité à la République.

Quelle que pût être la valeur de ces adhésions forcées, il importait de n'en pas perdre le bénéfice. Les grouper autour des bonnes volontés qui s'étaient spontanément déclarées dès la première heure, c'était faire concourir la Vendée elle-même à sa propre pacification, au lieu de la traiter en pays conquis, dompté exclusivement par la force. La méthode la plus conciliante et la plus humaine était aussi la plus efficace ; ce fut celle de Bard dans la mesure de ses attributions. Bien que fort étranger aux combinaisons politiques et uniquement soldat, il comprit qu'à l'œuvre des armes devait être associée l'action morale sans laquelle il n'y a point de véritable pacification. Il entra tout de suite en rapports avec ce que la Vendée comptait de patriotes sincères et, sans jamais oublier le caractère militaire de ses fonctions, il conquit, dans les conseils électifs et dans les sociétés populaires de la région, des sympathies qui contribuèrent plus tard à le faire accuser de « modérantisme », mais qui n'en avaient pas moins profité auparavant à la bonne harmonie et à la paix publique.

La situation des Vendéens fidèles au gouvernement républicain était singulièrement complexe. Pour la plupart chassés de leurs communes par l'insurrection, ayant laissé leurs propriétés exposées au pillage des blancs, menacés dans leur existence s'ils tombaient entre les mains des rebelles, ils voyaient d'un autre côté la répression même achever leur ruine, soit par l'incendie, soit par les mille déprédations auxquelles se livrent des troupes en campagne. Aussi étaient-ils, pour la discipline des armées républicaines, des censeurs toujours en éveil, souvent utiles, parfois d'un rigorisme extrême. Rossignol, général en chef, avait été suspendu de ses fonctions par le représentant Goupilleau de Fontenay et déféré au tribunal criminel militaire, pour avoir pris la voiture d'un noble passé aux insurgés, quoiqu'il eût avisé la municipalité qu'il emmenait cette voiture pour le service de la république. Des accusations analogues n'avaient pas été épargnées à Tuncq et à Beffroy ; elles ne paraissent pas avoir été plus justifiées (1). Mais la guerre ne s'était pas prolongée avec toutes ses fureurs sans occasionner de trop réels désordres. Les armées républicaines, à côté de soldats incomparables, renfermaient aussi des éléments mauvais en proportion plus ou moins forte selon les corps de troupes. La levée en masse, insuffisamment organisée, faisait surgir de cohues indisciplinées, où les appétits et les instincts violents se donnaient souvent libre carrière. Les incidents ordinaires de la guerre avaient ainsi le retentissement le plus douloureux dans le cœur des patriotes vendéens. S'appuyer sur ces patriotes, c'était s'engager à limiter au strict nécessaire les maux dont ils souffraient, et telle fut la pensée constante du général Bard.

Cependant, si beaucoup de bons citoyens montraient une abnégation qui méritait des égards, on ne pouvait s'attendre à ce que l'esprit de sacrifice fût l'unique mobile de toute la population. Même aux époques les plus héroïques, l'héroïsme n'est le fait que de quelques-uns, et lorsque parfois il semble transporter des foules entières, ce ne sont que de très courts accès d'exaltation contagieuse qui, une fois tombés, laissent promptement réapparaître les sentiments plus médiocres auxquels obéit la vie courante. Les mêmes paysans insurgés qui, après avoir fait le signe de la croix, se jetaient à la bouche des canons pour s'en emparer, se retrouvaient quelques heures plus tard plongés dans l'ivresse, qui les livrait sans défense à leurs ad-

1. Plus tard le général Hoche se plaignait à son tour des récriminations incessantes dont ses troupes étaient l'objet.

versaires (1). Les « soldats de l'an d'eux », les va-nu-pieds superbes » chantés par le poète n'étaient pas non plus à l'abri des faiblesses habituelles du troupier. A plus forte raison les gardes nationaux improvisés par le zèle civique des Luçonnais, purent-ils laisser à désirer sous certains rapports ; pleins d'ardeur pour toucher leur paie, quelques-uns en montraient moins pour aller à l'ennemi. D'un autre côté, les marchands de la ville, très commerçante en denrées agricoles, n'apportaient pas dans les transactions un désintéressement qui ne saurait être demandé au négoce. La loi du maximum, décrétée récemment par la Convention, soulevait chez eux une vive résistance.

Ces difficultés compliquaient la tâche du commandant de Luçon. Pour vaincre les fâcheuses dispositions qu'il rencontrait, il fut obligé d'en référer aux représentants du peuple alors à la Rochelle. C'étaient Laignelot et Lequinio de Kerblay, lesquels s'étaient acquis une réputation de nature à faire réfléchir les récalcitrants. Il faut ajouter que, quelques mois plus tard, ces représentants, et Lequinio lui-même, si prompt à la menace et même à la violence, plaidaient la cause de la modération, et que leur retour était souhaité et sollicité par les patriotes vendéens. Bard leur écrivit le 8 novembre. Il est fait mention de sa lettre dans une dépêche du même jour, adressée « du quartier-général de Luçon, le 18 brumaire an II », par « Périot, adjoint à l'état-major, à l'adjudant général Laurent à la Rochelle (2). » C'est le même

____

1. C'est ainsi qu'ils se firent massacrer le soir même du jour où ils avaient pris Châtillon.

2. Arch. hist. de la Guerre. Armée de l'Ouest.

Périot que nous avons vu ramenant le général Bard à Luçon ; nous le rencontrerons encore plus loin. Nous n'avons pas le texte de la lettre de Bard ; nous trouvons seulement dans ses papiers la réponse des représentants. Elle est du 23 novembre. Nous y notons, en passant, la première application complète du calendrier républicain, et l'adoption du tutoiement révolutionnaire.

« Rochefort, le 3 frimaire, an deuxième de la République une et indivisible.

« Les représentants du peuple dans le département de la Charente inférieure,

« au citoyen Bard, général de brigade à Luçon.

« Nous répondons, citoyen, à ta lettre du 18 brumaire, par laquelle tu nous rends compte : 1º des difficultés que l'on éprouve à [Luçon pour s'y procurer les denrées qui sont frappées de la loi du Maximum ; 2º des mesures que tu as prises relativement à un bataillon de garde nationale, qui s'est formé dans cette même cité, et qui prétendait recevoir la solde de la République à l'instar des autres bataillons de levée, sans cependant vouloir sortir de ses murs.

« Sur le premier objet, nous voyons que tu attribues en partie au peu d'énergie, peut-être même à la malveillance, de la municipalité, composée de boutiquiers, la rareté des denrées taxées. Pour remédier à cet inconvénient, en attendant que nous puissions aller à Luçon, comme nous nous le le proposons, nous écrivons par ce même courrier à la municipalité de cette cité, de manière à lui faire connaître le mécontentement que nous inspire sa conduite et les dangers où elle peut l'entraîner. Nous espérons que notre lettre produira l'effet que nous en attendons, et que ces officiers municipaux s'empresseront de réparer les torts qu'ils paraissent s'être donnés. S'il en était autrement, nous ne balancerions point à sévir contre eux (1).

1. Cette lettre à la municipalité de Luçon est évidemment celle dont

« Sur le second objet, nous ne pouvons qu'approuver les mesures que tu as prises vis-à-vis du bataillon qui s'était formé à Luçon, et qui, de 450 hommes dont il était composé, s'est trouvé réduit à 150 lorsqu'il a été question de marcher à l'ennemi. La République ne doit pas solder des hommes qui ne veulent servir que selon leurs convenances ou avec une coupable indifférence.

« Nous confirmons donc les ordres que tu as donnés pour faire cesser la solde de tous ceux de ce bataillon qui ont refusé de marcher, et leur faire déposer leurs armes. Nous les confierons à des braves, qui sauront s'en servir utilement pour la défense de la liberté et de l'égalité.

« Nous te savons bon gré au surplus des détails que tu nous donnes sur ta position, sur laquelle ton civisme, ta fidélité et ta bravoure nous donnent toute tranquillité.

« Laignelot

« Lequinio. »

Cette intervention épistolaire fut sans doute suffisante, car il ne semble pas qu'il s'en soit produit aucune autre à Luçon pendant le commandement de Bard.

Les bataillons de la récente levée n'avaient guère plus de consistance que ceux de la garde nationale. Au commencement d'octobre, l'appel en masse des populations ne produisant pas les résultats qu'on en attendait, des instructions avaient été données pour l'exécution du décret du 23 août, réquisitionnant tous les Français de dix-huit à vingt-cinq ans. Le désordre qui régnait dans la plus grande partie de la Vendée

---

il est parlé par Lequinio dans son rapport du 2 décembre suivant au Comité de Salut public, et qui n'a pas été retrouvée. (Aulard, *Comité de Salut public*, à la date du 2 décembre 1793.)

rendit très incomplète l'application du décret. L'instruction et l'équipement de ces nouvelles recrues exigeaient d'ailleurs un certain temps.

Le général Dutruy, commandant des Sables-d'Olonne, ayant, le 22 novembre, pris avec succès l'offensive contre les royalistes, ceux-ci se dérobèrent et, des environs de la Roche-sur-Yon, s'enfuirent dans la direction du Bocage. Cinq cents hommes de cavalerie passèrent à proximité des postes de Bard; mais ces postes n'étaient composés que de jeunes gens de la récente levée, et ils n'étaient pas même armés. Finalement les « brigands » ne furent repoussés que dans le voisinage de Chantonnay, d'où ils s'enfoncèrent « dans l'épais du Bocage, non sans avoir tué cinq habitants du bourg de Maichaux (1). »

On voit par ce détail combien étaient limitées les ressources mises à la disposition de Bard. Or, avec la facilité qu'avaient les bandes de Charette de se concentrer promptement et de se porter en grand nombre sur un point quelconque de la ligne qui aurait dû les investir, il eût fallu, semble-t-il, un plus grand déploiement de forces pour les contenir étroitement. Haxo, Jordy, Guillaume et Dufour s'épuisaient en vains efforts pour les étreindre. C'est ainsi qu'obligées d'abandonner Challans et Bouin, les 5 et 6 décembre, elles se rabattaient au complet sur un poste isolé, celui des Quatre-Chemins, au sud-est de Saint-Fulgent, et l'enlevaient le 11 décembre.

L'historien de Charette, Lebouvier-Desmortiers, donne à cette affaire de grandes proportions. Il évalue

____

1. Lettre du général Duval, commandant à Niort, à Bouchotte, ministre de la guerre, lui faisant part d'une communication de Bard. Arch. hist. de la Guerre. Armée de l'Ouest.

7.

à quinze cents le nombre des républicains qui occupaient ce poste. L'attaque eut lieu sur trois colonnes. « Joly, qui commandait l'avant-garde, tint la route des Essards et embusqua sa cavalerie dans un bois voisin. Charette prit par Sainte-Cécile pour attaquer sur le chemin de la Rochelle. M. de Coëtu était au centre (1). » Le même historien relate le butin fait par les auteurs de ce coup de main.

Le commandant Barbier avisa, de Montaigu, le général Vimeux. Il ajoutait : « On attend demain à Saint-Fulgent trois mille hommes commandés par l'adjudant-général Dufour, qui réparera facilement cet échec. » Mais le lendemain Charette s'était dérobé.

Bard écrivit, le 22 frimaire (12 décembre), de son quartier-général de Luçon au commandant de Fontenay, Prévignaud :

Les brigands, qui se sont échappés de l'armée de Nantes et des Sables, viennent de se porter sur mes postes en m'attaquant hier à onze heures. Celui des Quatre-Chemins n'a pu résister à la force supérieure qui, suivant divers rapports, est d'environ dix à douze mille hommes... Prenez toutes les mesures convenables, et, s'il vous est possible de renforcer le poste de Pouzauges, faites-le sur le champ. Quant à moi, il ne me reste pas trente hommes armés; j'envoie occuper le Pont-Charon. Faites part de ma lettre à Duval. Je pense que les brigands vont se porter du côté de Mortagne et de Cholet. Je ne puis communiquer avec le poste de Saint-Fulgent, où s'est replié celui des Quatre-Chemins (2). »

Il y eut à ce moment, dans la poursuite de Cha-

1. Lebouvier-Desmortiers, *Réfutation des calomnies contre Charette*, 1809, 2 vol. in-8°; t. I, p. 218 et s.
2. D'après Chassin, t. III, p. 390.

rette par les troupes d'Haxo et de Dutruy, un fâcheux
temps d'arrêt qui ne s'expliqua que plus tard. Les
administrateurs du département, justement inquiets,
firent appel au général Bard, qui leur répondit le
25 frimaire (15 décembre), par une lettre que publie
Chassin (t. III, p. 395) d'après les papiers de Mercier
du Rocher. Bard s'étonnait que les armées des Sables
et de Nantes, qui avaient reçu la mission de réduire
Charette, eussent, contre toute attente, abandonné
la poursuite dont elles étaient chargées, et cela sans
même aviser en temps utile le commandant de Luçon.

« Dans le moment, ajoutait-il où j'apprenais que mes postes
avaient été repoussés, je reçus au même instant une lettre du
général Dutruy, qui m'annonçait que Charette s'était évadé de
Bouin. Si j'eusse été instruit plus tôt, j'aurais réuni toutes
mes forces aux Quatre-Chemins, et certes je me serais opposé
à leur passage. C'est un petit mal qu'il faut chercher à réparer, et vous pouvez compter que j'emploierai tous les moyens
pour y parvenir. Dès l'instant où j'ai été informé que la troupe
qui occupait les Quatre-Chemins était à Mortagne, j'en ai instruit le général Dutruy, pour qu'il fît marcher à leur suite une
force imposante. Je n'ai point encore reçu réponse, mais
d'après l'invitation que je lui ai faite pour se concerter avec
moi sur l'ordre de marche, j'espère qu'il ne s'y refusera pas.

« Citoyens administrateurs, si j'avais eu des forces à ma disposition, à l'instant même je me serais mis à leur poursuite,
et ne leur aurais pas donné le temps de se recruter. Quoique
je ne puisse les combattre moi-même, je ferai tous mes
efforts pour m'opposer à leur entreprise. Il m'arrive de nouveau 450 hommes venant de la Rochelle ; cela me renforce
mes postes qui sont très faibles. Comptez, citoyens administrateurs, sur mon patriotisme et sur ma bonne envie de servir la République. Salut et fraternité.

« Bard.

« P. S. Engagez le commandant de la place de Fontenay à

me donner des nouvelles des mouvements de l'ennemi du
côté de la Chataigneraie.

« La route de Nantes est libre. L'arbre de la liberté est
encore à Saint-Fulgent. »

Le succès de Charette ne devait pas être de longue durée. Comme on le voit par la lettre qui
précède, Bard avait pris des dispositions pour renforcer ses postes et se trouver éventuellement en
mesure d'agir à défaut des armées de Nantes et des
Sables.

A cet effet, il s'était d'abord adressé, pour avoir
quelques troupes, à son collègue et ami Bournet, qui
commandait à la Rochelle. Celui-ci écrivait le 17 décembre :

« La Rochelle, 27 frimaire an II. Le général de brigade
commandant la douzième division militaire au républicain
Jourdeuil, adjoint du ministre de la guerre à Paris.

Le général Bard, commandant la division de Luçon, citoyen
adjoint, ayant eu besoin encore d'un bataillon pour agir contre les brigands, je lui ai fait passer le 3ᵉ bataillon du Cantal,
qui tenait garnison dans cette place, où je l'ai remplacé par
le premier bataillon du 84ᵉ régiment d'infanterie qui était à
l'île de la République (1). »

D'un autre côté, Bard s'était concerté avec le général Duval, commandant à Niort, ainsi qu'il résulte
d'une dépêche du 28 frimaire (18 décembre), où celui-ci fait part de ses dispositions au citoyen Bouchotte, ministre de la guerre, et ajoute : « Le général
Bard, commandant à Luçon, est parfaitement d'accord

1. Arch. hist. de la Guerre. Armée de l'Ouest.

sur mes principes, et il agit de son côté comme moi
du mien (1). »

Il avait pu mettre des troupes sous les ordres du
brave Joba, colonel de la Légion du Nord. Cet officier avait les instructions de Duval concernant la Châtaigneraie, alors inquiétée par le voisinage de Charette, lequel surprit même un poste à Cerizay. Avec
beaucoup d'entrain et de vigueur, Joba s'élança, le
19 décembre, sur Réaumur, où était un avant-poste
royaliste, puis sur Pouzauge, où se trouvait le corps
d'armée, de quatre à cinq mille insurgés, et à l'aide
d'une poignée d'hommes, bouscula, sabra, dispersa
les rebelles, dont deux cents environ furent tués.

Le centre de la Vendée, placé sous la surveillance
de Bard et de Duval, fut ainsi nettoyé promptement.

Le 1er nivôse (21 décembre), Duval disait dans un
rapport au ministre de la guerre (2) :

« Biot m'écrit que les brigands sont sans énergie et qu'ils
fuient à toutes jambes en abandonnant leurs armes, et que
maintenant il est obligé de les traquer dans les haies et les
buissons, comme un chasseur qui cherche un lapin. Le général Bard m'apprend qu'il ne peut de son côté les atteindre,
à cause de la légèreté de leurs jambes. »

Charette qui, en passant aux Herbiers, s'était fait
élire, par ses officiers et chefs de canton, général en
chef de l'armée catholique-royale du Bas-Poitou,
avait ambitionné de se faire reconnaître par le Haut-
Poitou et l'Anjou. La Rochejaquelein, après le désastre des insurgés à Laval, ayant réussi à retra-

1. Arch. hist. de la Guerre. Armée de l'Ouest.
2. Arch. hist. de la Guerre. Armée de l'Ouest.

verser la Loire avec quelques partisans, son arrivée
contraria vivement Charette, dont elle dérangeait les
plans. Ils eurent une entrevue peu cordiale, et se quit-
tèrent en mauvais termes (1). Le chef du Bas-Poitou
retourna sur ses pas et se réfugia de nouveau dans la
Vendée maritime.

On a vu que les colonnes lancées d'abord à sa poursuite par les armées de Nantes et des Sables avaient
suspendu leur action, au grand étonnement de Bard
et des administrateurs du département. Ce contre-
temps avait été occasionné par l'ordre inopiné,
qu'avaient reçu les troupes employées à cette poursuite, de se porter sur la Loire, à Champtoceaux et à
Saint-Florent, pour empêcher le passage du fleuve par
les débris de la grande armée de la Rochejaquelein.
Ordre tardif quant à la Rochejaquelein, qui était déjà
passé ; superflu quant à ses troupes, maintenues par
leurs adversaires sur la rive droite, et vouées à une
prochaine destruction, puisque, le 23 décembre, elles
étaient anéanties à Savenay.

La reprise de Noirmoutier, brillamment effectuée,
le 14 nivôse an II (3 janvier 1794), par les intrépides
mayençais Haxo et Jordy, vint couronner les succès
des armes républicaines. L'île de Noirmoutier fut
appelée l'île de la Montagne. Les commissions militaires, aussitôt instituées par les représentants, y exer-
cèrent des représailles proportionnées aux violences
que les royalistes avaient commises dans cette même
île trois mois auparavant, les unes et les autres également dignes de réprobation. C'est alors que l'ancien

1. Deniau, *Histoire de la Vendée*, t. IV, chap. II.

généralissime des rebelles, d'Elbée, blessé grièvement depuis Cholet, fut découvert et fusillé.

Après l'occupation de Noirmoutier, qui ôtait « aux brigands toute communication par mer avec les perfides Anglais », les représentants Bourbotte et Turreau pouvaient écrire dans leur rapport : « L'exécrable guerre de Vendée paraît se terminer par cette expédition. Les moyens à employer, pour balayer complètement le pays dont nous sommes maîtres, ne consistent plus que dans des cantonnements actifs et divisés avec intelligence. »

On n'avait plus affaire, en effet, à des troupes tenant la campagne et combattant suivant les procédés de la guerre, mais à des bandes errant çà et là au hasard des coups à tenter, des massacres à commettre et du pillage à faire, bandes presque aussi promptement dispersées que formées.

Le 19 nivôse (8 janvier 1794) le général Duval écrivait au ministre de la guerre (1) :

« L'infâme horde de brigands, n'ayant plus de confiance dans les chapelets, s'est enfuie en se disséminant de tous côtés, de manière que, voyant l'impossibilité de leur livrer combat, j'ai, conjointement avec le général Bard, donné ordre de les poursuivre sur différents points, pour les empêcher de prendre aucun repos sous le toit, afin que, les forçant de coucher dehors, la faim et les frimas vengent promptement la République de leurs coupables attentats. »

Charette, rentré un instant à Machecoul, n'avait pu s'y maintenir. Il comprit combien la prise de Noirmoutier aggravait sa situation. Il essaya un mouvement du côté du centre de la Vendée et tomba sur

1. Arch. hist. de la Guerre. Armée de l'Ouest.

Saint-Fulgent, où il se vengea en abattant l'arbre de la liberté. Mais Joba était dans le voisinage, avec des renforts que Bard lui avait donnés. Le chef républicain recourut à une ruse de guerre que le vendéen Joly avait employée, un mois auparavant, aux Quatre-Chemins. Il s'introduisit avec les siens au milieu des brigands en criant : « Vive le roi! » et, après une lutte énergique, il resta maître de la ville.

Bard, heureux de faire connaître le succès d'un compagnon d'armes, écrivit le 11 janvier, du quartier général de Chantonnay, au ministre de la guerre :

« J'ai le plaisir de t'annoncer que le brave Joba vient de battre complètement la horde de Charette, réunie au nombre de deux à trois mille hommes à Saint-Fulgent, dont Charette s'était emparé la veille parce que ce poste n'était défendu que par des bataillons de première réquisition. Le 21 (1) à six heures du soir, Joba les a attaqués, le combat a duré deux heures, ils ont été culbutés. C'est pour la troisième fois que Joba met en déroute cette armée fanatique. L'adjudant-général Dufour marche de concert avec lui. Je ne dirai pas que Charette n'existe plus, mais je dirai avec franchise que son armée est totalement défaite. Ils sont épars çà et là, et je ne leur donnerai pas le temps de former de nouveaux rassemblements ; je les poursuivrai jour et nuit.

« J'apprends à l'instant que la colonne de Joba a rencontré les débris de l'armée de Charette, et qu'il les a battus complètement. Que ne puis-je être de la fête, et mes blessures guéries, pour me venger de ce qu'ils m'ont fait devant Chollet. »

L'historien de Charette nous montre, à ce moment, son héros fugitif au milieu des neiges « cou-

---

1. Savary, à qui nous empruntons ce texte, t. III, p. 36, écrit le 10, parce qu'il substitue partout l'ancien calendrier au calendrier républicain. Le 10 janvier correspond au 21 nivôse.

chant sur le grand chemin accompagné de quelques hommes seulement. » Après Saint-Fulgent, « chacun tira de son côté dans l'épaisseur des ténèbres, sans savoir où il allait, ni quel serait le lieu de ralliement. Le général erra comme les autres toute la nuit, avec dix hommes seulement, et se replia le lendemain à la Coupechagnère, où la plupart de ses soldats vinrent le rejoindre. Cependant l'armée diminuait de jour en jour par la retraite de ceux qui se voyaient trop loin de leurs foyers pour veiller de temps en temps à leurs travaux et aux soins de leurs familles. La terreur planait sur la Vendée... Il y avait plusieurs jours que Charette, toujours poursuivi, s'était retiré au village de la Rivière, près le val de Morière, lorsqu'on vint l'avertir qu'il ne tarderait pas à être cerné... On se dirigea, sans plus attendre, sur la forêt de Grala qui, par son étendue et son épaisseur, offrait pour le moment un asile assuré aux vendéens (1). »

Ainsi Charette était harcelé et traqué comme une bête fauve dans son repaire. De l'autre extrémité des pays précédemment insurgés le général Commaire avait annoncé au ministre la défaite de « cinq à six cents hommes formant le rassemblement de la Roche-jacquelein, » en ajoutant : « Ces brigands ne servent plus que comme des assassins de grande route. Je prends des mesures pour leur donner une dernière chasse, s'il est possible; ils n'iront pas loin, je l'espère (2). » Une battue effectuée par trois colonnes dans les bois et les genêts, sur environ

1. Lebouvier-Desmortiers, ouvrage déjà cité, t. I, p. 251 et s.

2. Savary, t. III, p. 13 et s. — La Rochejaquelein fut tué le 28 janvier 1794, à Nuaillé, près Cholet, par un fantassin républicain qu'il poursuivait à cheval. Le général Commaire mourut lui-même le 11 mars suivant, en quelques heures.

dix-huit à vingt lieues de terrain, avait permis de reconnaître qu'il n'existait plus de rassemblements, et que les paysans étaient rentrés dans leurs métairies.

Telle était la situation vers le milieu de janvier 1794. La pacification complète paraissait assurée dans un avenir prochain. Contrairement à toutes les prévisions une nouvelle tempête éclata bientôt. « Les rebelles avoient été anéantis à Savenay, s'écrie un citoyen de la Vendée, qui en devint plus tard le représentant (1) ; d'Elbée avoit été détruit en entier avec sa horde à Noirmoutier ; Charette, chassé de Bouin, avoit recueilli les débris de la Rochejaquelein, Marigny et Stofflet, revenus d'outre-Loire. Il avoit rallié ce qu'il y avoit de brigands fugitifs et terrés dans les bois. Bard et Joba avoient battu et dispersé cette bande nouvelle. J'en avois personnellement poursuivi et chassé un détachement nombreux. Enfin Charette étoit réduit au néant, et la Vendée n'étoit plus. Le calme étoit assuré, la sécurité complette, les patriotes étoient maîtres du terrain, l'administration marchoit, le pays étoit républicanisé. Tout à coup et sans prévenir personne, les colonnes révolutionnaires sont déchaînées ; l'ange exterminateur agite l'anathème et secoue la torche sur la Vendée ; je fus entouré de cadavres et de feux ; je fus victime et témoin de toutes les fureurs. »

Depuis un certain temps déjà Bard cherchait à quitter son commandement. Il avait payé sa dette à la guerre civile. Ses blessures l'autorisaient à se

---

1. Le citoyen Chapelain, membre du Conseil des Cinq-Cents à ses collègues, 24 pages in-12, Paris, pluviôse an IV.

retirer. Après son rétablissement, sa carrière militaire pouvait se continuer ailleurs que dans l'Ouest. Il rejoindrait peut-être ses « frères des armées de la Moselle et du Rhin », dont il parlait avec enthousiasme dans sa correspondance. Pendant plusieurs campagnes les glorieux champs de bataille ne devaient pas manquer aux soldats de la République.

Dès le 2 nivôse (22 décembre), il tâta le terrain en faisant demander un congé au ministre de la guerre. Il s'adressa, dans ce but, au représentant du peuple Bellegarde. Celui-ci le connaissait pour l'avoir vu à l'œuvre. Ce fut justement ce qui compromit le succès de la démarche, malgré la bonne volonté de Bellegarde. Voici en effet ce que, le 18 janvier, le représentant du peuple écrivit au général :

« Paris, 29 nivôse, l'an deuxième de la République victorieuse et indestructible.

« Bellegarde, représentant du peuple, Montagnard sans-culotte à Bard, général de brigade sans-culotte, commandant la division de Luçon.

« Ta lettre, quoique datée du 2 nivôse, ne m'est parvenue que depuis trois jours. Je fus sur-le-champ chez le ministre, qui me promit qu'il te ferait expédier par duplicata ton brevet de général de brigade, que tu devras recevoir vraisemblablement au premier jour.

« J'ai parlé pareillement au ministre pour te faire avoir un congé de quelques jours, et sur le rapport que je lui ai fait de ta personne, nous sommes tombés d'accord qu'un homme comme toi était trop utile à la division que tu commandes pour qu'on puisse consentir à t'en faire absenter pendant quelque temps. Il faut donc, mon bon ami, que tu prennes tous les moyens pour accélérer ta parfaite guérison dans le pays où tu es. Si cependant tu persistais, et que tu t'aperçusses que tu n'eusses pas du soulagement dans tes blessures, marque-le moi parce que j'emploierais tous les moyens pour te faire avoir un congé.

« Donne-moi le plus souvent qu'il te sera possible de tes nouvelles. Moi de mon côté je te répondrai, et te ferai part également de ce qu'il y aura de nouveau.

« Adieu, mon brave ami, ménage ta santé et tâche de te remettre entièrement.

« Ton frère et ami,

« BELLEGARDE. »

Bard fut d'autant moins satisfait de cette réponse qu'un nouveau général en chef avait pris la direction de l'armée de l'Ouest, et se disposait à exercer le commandement au rebours des efforts poursuivis et des résultats obtenus en Vendée depuis les batailles de la Tremblaye et de Cholet.

Le général Turreau, cousin du conventionnel de ce nom, avait servi précédemment dans les gardes du comte d'Artois, puis dans l'armée de Saumur au temps de la toute puissance de Ronsin. Promu rapidement divisionnaire, il avait été envoyé à l'armée des Pyrénées-Orientales au moment même où il se faisait battre à Coron sous les ordres de Santerre (18 septembre 1793). Le 27 novembre suivant, le Comité de Salut public le nommait général en chef de l'armée de l'Ouest, et décidait que le commandement serait exercé, en attendant son arrivée, par le général Marceau. Marceau profita de cet intérim pour terminer la campagne ; avisé, le 22 décembre seulement, de la présence du nouveau généralissime, il lui écrivit avec plus d'esprit que de déférence : « Je « suis devant Savenay. Demain, de grand matin, « j'attaquerai l'ennemi, qui sera détruit. Si tu veux « être témoin de la fin de cette guerre, accours promp- « tement. » Le lendemain Marceau écrasait l'ennemi, comme il l'avait annoncé. Turreau ne le lui pardonna pas ; le trop brillant intérimaire devint l'objet des mauvais procédés et des dénonciations du général en chef.

Kleber soumit à ce dernier (le 7 janvier) un plan de pacification, qu'il avait rédigé avec l'adjudant-général Savary, plan fondé sur cette considération capitale que les rebelles n'étaient plus une armée contre laquelle il fût besoin de grandes opérations militaires, mais des hommes n'ayant d'autre intention que de se dérober à la poursuite des troupes et pillant pour vivre. Turreau répondit froidement que ce plan n'était pas le sien. Kleber, inquiet des projets du général, insista, puis alla trouver les représentants Gillet et Carrier, et finit par leur déclarer que « s'il était le maître de diriger les opérations, il pourrait répondre sur sa tête de rétablir bientôt le calme et la tranquillité de ces malheureuses contrées. Qu'eût dit Kleber, continue Savary, à qui nous empruntons ces détails (t. III, p. 28), s'il eût su alors que le plan de Turreau était de détruire la Vendée de fond en comble, sous le prétexte toujours annoncé d'une promenade dans le pays ? »

Telle était pourtant la conception désastreuse qui s'était emparée de l'esprit du général en chef. Sans se rendre compte de la situation nouvelle dans laquelle il retrouvait, après trois mois écoulés, ce pays qui n'aspirait plus qu'au repos, il imagina de le faire traverser de l'est à l'ouest par des colonnes chargées d'incendier la plupart des villages, et d'exterminer les rebelles qui pourraient être découverts. Tout en essayant d'associer à ce projet le ministre et le Comité de Salut public, il l'exécuta sans avoir leur adhésion. Quand même il aurait obtenu la ratification de l'autorité supérieure, cette initiative, prise par le général en chef, et appuyée de renseignements inexacts et de rapports équivoques, laisserait entièrement subsister à la charge de Turreau la responsabilité de ses actes. Or, la responsabilité qu'il assumait ainsi était de celles devant lesquelles hésite la conscience de tout honnête homme, fût-ce un homme de guerre exempt de toute vaine sensibilité. Autre chose est de céder aux exigences et aux entraînements d'une lutte acharnée, ou de combiner, en dehors de toute nécessité, des plans de destruction et de massacre. Ni les divisions de l'armée de la Rochelle, ni celles de l'armée des Côtes de Brest, ni la colonne de Mayence n'avaient usé de ménagements à l'égard de l'insurrection, « Qu'on aille, pouvait écrire Carrier, sur toutes les routes où s'est portée la garnison de Mayence, et on verra si on y trouve autre chose que des ruines (1). » Mais ces ruines matérielles représentaient les combats soutenus, la résistance furieuse des blancs, le sang des bleus versé à flots, l'exécution des rigoureux décrets de la Convention. Elles n'avaient pas été accumulées de sang-froid et de propos délibéré. Ce qui reste sans excuse chez Turreau, c'est d'avoir outrepassé gravement les lois de la guerre au moment même où il n'y avait pour ainsi dire plus de guerre; c'est d'avoir, quand la situation militaire le comportait le moins, érigé en système et appliqué avec impassabilité les plus odieuses violences non seulement contre les propriétés, mais contre les personnes.

1. Lettre, déjà citée, du 12 novembre, au Comité de Salut public. — Carrier exagère sans doute, mais d'autres atténuent peut-être un peu. La guerre, et surtout hélas ! la guerre civile, n'est pas un tournoi. Ses horreurs ne sont pas un vain mot.

Bard n'entendait point la guerre de cette façon. Après s'être opposé à l'adoption du plan du général en chef, il demeura étranger aux colonnes chargées de l'exécution, et quand les mesures projetées purent atteindre des localités placées dans la sphère de son commandement, il prit une attitude qui lui valut d'être frappé de suspension et incarcéré.

A quels sentiments Turreau obéissait-il en entreprenant de dévaster et de décimer la Vendée, il ne nous appartient pas de le rechercher. Il suffit que Bard ait été la victime de Turreau, qu'il ait été mis par lui à deux doigts de l'échafaud, pour que nous nous abstenions de porter ici un jugement sur les intentions, le caractère et la valeur morale du général en chef de l'armée de l'Ouest. Renouvela-t-il la lutte et la prolongea-t-il pour ressaisir un rôle militaire qui lui avait échappé? Crut-il réellement qu'il était encore nécessaire de frapper un grand coup et qu'il extirperait ainsi tous les germes de guerre civile qui pouvaient subsister en Vendée? Voulut-il à une époque où la terreur battait son plein, désarmer par ses propres exagérations les terroristes les plus exigeants et les plus enclins à incriminer la conduite des généraux? (1) Ou bien, n'eut-il pas conscience de portée et des conséquences de cette exécution militaire, imaginée par lui avec une confiance aveugle et soldatesque dans l'efficacité de la force brutale?

Toutes les suppositions sont permises, et les explications fournies par Turreau lui-même n'éclaircissent guère la question. Il ne paraît pas avoir eu des pas-

1. Hentz et Francastel, nouveaux représentants en mission, lui écrivirent : « Songe que, quelque parti que tu prennes, tout, hormis celui « de la victoire, t'expose à une responsabilité qui ne sera pas illu- « soire, et à des dangers dont tu peux prévoir les suites. »

sions politiques très vives, ni même des opinions politiques très arrêtées. Dénoncé plus tard à la Convention nationale et décrété d'accusation par elle le 28 septembre 1794, il refusa le bénéfice d'une amnistie, persista à demander des juges, et, après une longue détention, fut finalement acquitté. C'est pour sa défense qu'il publia son *Mémoire pour servir à l'histoire de la Vendée*, dont on a dit que les vendéens étaient mieux traités par l'écrivain que par le général en chef, bien que d'ailleurs il prétende justifier ses propres rigueurs par les atrocités des blancs. Rentré au service en 1797, il occupa différents postes, puis fut nommé, en 1804, ambassadeur aux États-Unis et, en 1811, baron de l'empire. Mis en non-activité par Louis XVIII, il mourut dans sa propriété de Conches (Eure), le 15 décembre 1816, à l'âge de soixante ans. Rien dans cette carrière n'éclaire le tragique épisode de 1794. Un certain nombre de lettres intimes de Turreau ont été publiées (1). On y retrouve les réticences et les ambiguïtés de son « Mémoire ». L'exaltation du moment en est totalement absente. En somme cette figure reste au moins énigmatique, et conserve, dans tous les cas, la marque ineffaçable d'une terrible responsabilité.

C'est le 29 nivôse an II (18 janvier 1794) que Turreau assembla à Doué, près Saumur, les généraux de l'armée de l'Ouest pour leur faire part de ses intentions. Malgré ses blessures qui lui interdisaient les longs trajets, Bard tint à se rendre à cette convocation. Il était accompagné de Périot, l'adjoint à l'état-major qui, trois mois auparavant, l'avait ramené blessé à Luçon.

1. *Revue de la Révolution*, année 1885.

Turreau indiqua immédiatement ses projets ; ils ne pouvaient être approuvés par des généraux dignes de ce nom ; Bard au premier rang s'éleva contre le plan proposé. A défaut de procès-verbal régulier, la correspondance ultérieure de Bard nous montre assez la nature des objections qu'il souleva. Que n'occupait-on fortement les postes établis dans le pays, au lieu de les dégarnir pour former des colonnes, dont le passage n'aurait d'autre effet que de rallumer la guerre dans des paroisses aujourd'hui pacifiées ? La crainte des violences et des incendies n'allait-elle pas ressusciter l'insurrection et lui fournir de nouveaux contingents ? Malgré les réclamations de divers généraux qui connaissaient mieux que lui le pays, Turreau ne voulut rien entendre. L'opposition de Bard eut toutefois ce résultat d'épargner au territoire qu'il commandait la visite des colonnes qu'on allait former.

Le commandant de Luçon ne se contenta pas de sauver les populations placées sous sa protection directe, il rendit le même service à Fontenay-le-Peuple, alors chef-lieu du département, et désigné, non moins que Luçon, par son prétendu modérantisme, aux fureurs calculées du général en chef.

En agissant ainsi, Bard était mû sans doute par un sentiment d'humanité qui suffit à expliquer sa conduite, mais nous notons en outre que Fontenay avait bien mérité du commandant de Luçon dans une circonstance toute récente. Quatre jours auparavant, « le 25 nivôse, le brave général Bard, qui professait « pour Fontenay une estime dont il lui donna plus « tard des preuves, » dit le savant Benjamin Fillon, s'était adressé aux Fontenaisiens pour renforcer le poste de Chantonnay, et la garde nationale, assemblée par le maire Testard, avait aussitôt formé un détachement composé « de grenadiers » aguerris et de « gens aisés, afin que les pères de famille indigents pussent continuer leurs travaux (1) » Ainsi en faisant appel aux populations, au lieu de les molester et de les terroriser, Bard savait obtenir d'elles un concours et un dévouement qu'il invoquait ensuite pour plaider leur cause (2)?

Son heureuse intervention en faveur de Fontenay est relatée ailleurs par le même historien local. « Fontenay, dit-il, compris dans la proscription géné-« rale, allait être livré aux flammes, lorsque Bard prit « sa défense et parvint à faire révoquer l'ordre (3). »

L'érudition si sûre et si considérablement documentée de Benjamin Fillon suffirait à établir le rôle de Bard dans cette circonstance. Mais une pièce contemporaine des événements, et publiée par Ed. Lockroy, dans son ouvrage intitulé *Une Mission en Vendée*, fournit un témoignage direct. Ce témoignage émane de l'adjoint à l'état-major Périot, et il a été

---

1. Benjamin Fillon, *Recherches historiques et archéologiques sur Fontenay*, 1847, tome I, p. 441.

2. Chapelain, qui s'était occupé d'organiser dans sa localité une force défensive, recevait aussi de Bard des encouragements, dont il se prévalut plus tard. Il dit dans la lettre déjà citée : « Le 20 nivôse de l'an deuxième, c'est-à-dire dix-huit jours avant le passage des colonnes, le général Bard m'écrivoit : « Il m'est impossible de vous « fournir des troupes comme vous paroissez le désirer. Quant à la « solde que vous demandez pour votre garde nationale, je ne puis « rien décider à cet égard; c'est au département qu'il faut vous adres-« ser, et je ne doute nullement qu'il ne satisfasse à votre demande. « Vous pouvez toujours réunir votre monde et faire le service très « exactement. Vous pouvez compter que je ferai tout ce qui dépendra « de moi pour leur faire avoir la solde, etc. » Donc la garde nationale de mon canton étoit reconnue; ses services la rendoient digne de l'être. Voilà les chouans que je commandois ! »

3. Ouvrage, déjà cité, t. I, p. 444.

produit un mois après la réunion tenue à Doué. Nous le transcrivons intégralement.

« Liberté   Egalité

« Armée de l'Ouest. — Rapport.

« Fontenay le Peuple, le 2 ventôse de l'an II de la République française une et indivisible.

« Rapport exact de ce qui s'est passé dans l'assemblée des généraux de l'armée de l'Ouest à Doué près Saumur, où j'ai assisté comme aide de camp du général Bard, commandant la division de Luçon.

« Je fais le rapport en vrai républicain, en homme impartial. Je souhaite que le Comité de Salut public de la Convention nationale, à qui je désire qu'il soit envoyé, y trouve des lumières qui ne lui aient pas été transmises.

« Le 29 nivôse dernier, la majeure partie des généraux de l'armée de l'Ouest s'assembla à Doué, sur la convocation du général en chef Turreau, qui arrivait des Pyrénées.

« Ce général proposa le plan de tout incendier dans le territoire dit de la Vendée. Différentes réclamations furent faites par des généraux qui avaient fait la guerre avec succès, qui l'avaient terminée, car il ne restait plus que la bande de Charette et celle de la Rochejaquelein dispersées et épuisées. Le général n'entendit rien, lui seul prononça.

« Pour l'effectuation de son plan, il divisa son armée en douze colonnes.

« Il fit ensuite la distraction des postes à conserver; ils se bornèrent à huit ou dix pris au hasard sur la carte, avec une légèreté dont il n'y a pas d'exemple. Fontenay fut du nombre des communes conservées, grâce au général Bard, car sans lui cette ville et ses habitants n'existeraient plus.

« Rien n'arrêta le général en chef dans sa détermination. Son secrétaire lui fit une sage réflexion, en lui observant qu'il serait convenable de soumettre le plan au Comité de Salut public, aux représentants du peuple, avant de passer à l'exécution, qu'ils pourraient avoir quelques réflexions à faire. Le général lui répondit que cela serait trop long et ne finirait pas, qu'il suffisait de lui transmettre l'arrêté pris.

« J'avais, ainsi que tous les amis de l'humanité, l'espoir que le plan ne pourrait être exécuté, à raison d'une des dispositions qui portait que les blés et fourrages seraient soustraits à l'incendie, à la dévastation, et portés sur les derrières des colonnes, mais il en a été bien autrement, et le seul bon article du plan n'a été exécuté qu'en partie.

« Voilà ce que j'ai vu, ce que j'atteste sur mon honneur.

Signé : Périot.

« Pour copie conforme à l'original :

« Bardebette, C. L. Perreau, député de la Société populaire de Fontenay le Peuple près les représentants Topsen et Guezno à Rochefort et la Société populaire de Rochefort. »

Si la disposition signalée par Périot et relative à l'enlèvement des denrées n'eut pas toute l'utilité qu'il en attendait, elle servit cependant de prétexte à quelque-uns des commandants des colonnes pour épargner des villages, où ils déclarèrent que cet enlèvement ne pouvait avoir lieu faute de moyens de transport. La correspondance des officiers employés à cette triste besogne semble indiquer que certains d'entre eux essayèrent d'en restreindre le plus possible les effets destructeurs. Il est à regretter que d'autres n'aient pas eu les mêmes scrupules, et qu'il s'en soit trouvé quelques-uns pour commettre, sans égards, pour l'humanité, et même sans distinction entre les rebelles et les patriotes, des attentats contre les personnes que n'autorisaient point les décrets les plus rigoureux de la Convention, et que le général en chef se garda bien d'annoncer ou de révéler au gouvernement.

Voici dans quels termes Turreau avait fait connaître les mesures prises par lui. Il écrivait, le 19 janvier, au Comité de Salut public:

« Je commence l'opération *que j'avais projetée avant même d'être général en chef*. Douze colonnes, parties de différents points, et embrassant seize lieues de pays, marchant toujours à la même hauteur, et ayant toutes les facilités pour se secourir mutuellement, entrent dans la Vendée et poussent l'ennemi du côté de la mer. Haxo et Dutruy, placés sur les côtes avec des forces suffisantes, les poussent également sur moi, de manière que si les ordres que j'ai donnés sont strictement exécutés, il me paraît impossible qu'ils ne soient pas entièrement cernés. Chaque chef de colonne a son instruction particulière ; tous ont l'ordre d'incendier les villages, métairies, forêts, etc., mesure que j'ai cru indispensable, et que vous mêmes, citoyens représentant, vous avez indiquée dans votre arrêté du mois d'août (vieux style) (1). J'ai excepté cependant de l'incendie général quelques villes ou bourgs dont l'existence est absolument nécessaire pour y placer des garnisons. »

Au ministre de la guerre Turreau écrivait le même jour:

« Chaque chef de colonne a ordre de fouiller et de brûler les forêts, villages, bourgs et métairies, exceptant cependant les lieux que j'ai considérés comme postes importans, et ceux qui sont indispensables pour établir les communica-

---

1. Ce décret, que nous avons reproduit plus haut (p. 20), avait été rendu au plus fort de la guerre, lorsque l'armée catholique-royale comptait environ 120.000 combattants, et que les troupes républicaines venaient d'essuyer des désastres réitérés. Même à ce moment la Convention, qui ne visait que les forêts et les « repaires des rebelles », ordonnait quant aux personnes l'observation des « égards dûs à l'humanité. »

8.

tions. Ces douze colonnes occuperont le 8 pluviôse (27 janvier) les postes de la Caillère, Tallud sur Maine, Pouzauge, la Flocelière, les Epesses, Saint-Laurent, Chollet, le May, Jallais et Sainte-Christine (1). »

L'exécution étant aussitôt commencée, un contre-ordre du ministre ou du Comité de Salut public ne pouvait plus parvenir en temps utile.

Le général Bard était retourné dans son commandement. Il n'avait aucune participation aux mouvements qui s'effectuaient. Le territoire en avant de Luçon, c'est-à-dire la vallée de la Semagne et celle du Lay avec Chantonnay, se trouvait préservé momentanément. Bientôt le résultat néfaste des opérations de Turreau s'y fit sentir. Des individus chassés de leur demeure dans les autres parties de la Vendée se portèrent de ce côté. Des rassemblements d'insurgés s'y montrèrent de nouveau. La rébellion assoupie pendant un temps, se réveillait brusquement.

A la date du 27 janvier, le jour même où les douze colonnes avaient terminé leur œuvre, nous trouvons dans Savary (t. III, p. 93) la dépêche suivante de Bard au général en chef :

« Du 27 = Le général Bard (Chantonnay).

« L'adjudant général Cortez te fera connaître les postes importans que je fais occuper. Si tu me retires encore six cents hommes, comme tu me le marques, je te préviens que le poste ne sera pas tenable. Les rassemblements grossissent journellement; des volontaires viennent d'être égorgés entre Saint-Fulgent et Saint-Vincent, et je m'attends à

1. Savary, t. III, p. 47 et 49.

chaque minute à être attaqué. J'ai été obligé d'envoyer trois cents hommes au port de la Claye, poste très important qui a été abandonné par les jeunes gens de la nouvelle levée. *Cortez, qui connaît tout ce pays-là, te fera sentir l'importance qu'il y a à conserver les postes établis.* Je n'ai que deux mille hommes pour garder sept postes.

« J'ai été instruit hier, par le commandant de la Roche-sur-Yon, que les brigands s'étaient emparés d'Aizenay, qui n'était défendu que par des jeunes gens de la nouvelle levée. Le commandant, qui était à Aizenay lorsque les brigands s'y sont présentés, m'annonce à l'instant qu'ils étaient très nombreux et qu'ils ne s'y sont pas arrêtés longtemps. »

Pour comprendre la portée de certaines de ces observations, il faut se rappeler que l'utilité des villages comme lieux de garnison était pour eux la plus sûre sauvegarde. En multipliant les postes, Bard prenait des garanties contre les velléités dévastatrices du général en chef. C'est dans la même pensée qu'il avait choisi pour messager l'adjudant-général Cortez. Non seulement celui-ci connaissait bien le pays, mais il était originaire de la région menacée, et il y avait toute sa famille. Né à Bessay entre Sainte-Hermine et Mareuil, jeune, ardent, courageux, Cortez était de ces patriotes vendéens prêts à tous les sacrifices pour le triomphe de la République, mais n'admettant pas que, pour le rétablissement de l'ordre, leur pays eût à subir d'inutiles et coupables violences. Il resta invariable dans ces sentiments jusqu'à la pacification complète (1).

1. En avril 1794, son énergique opposition aux excès le faisait arrêter et traduire au tribunal révolutionnaire. Un an plus tard, au moment où la République, ayant traité avec Charette, montrait à son égard une condescendance imprévue, Cortez écrivait, le 30 floréal, au représentant du peuple Maignen : « Charette, toute sa bande

Indépendamment de la mission donnée à Cortez, le général Bard avait multiplié ses efforts et prodigué son intervention en faveur des malheureux qui pouvaient être inquiétés. Ici, ce sont les habitants d'une paroisse menacée, auxquels il délivre une attestation que « la commune s'est toujours bien montrée » (1). Là, ce sont de pauvres paysannes auxquelles il donne un certificat qui doit les protéger (2). Ailleurs, il écrit pour répondre du civisme de la garde nationale (3). Une

« et tous les chefs des rebelles sont autant de scélérats (je le signe),
« qui trompent tes collègues. Ces scélérats n'attendent que la récolte
« pour recommencer les hostilités. Heureusement ils manqueront
« de munitions et de vivres. Quant à moi, mon cher ami, j'en per-
« drai la tête, je ne conçois rien à tout ceci. Entourés d'espions,
« d'égoïstes et d'aristocrates qui, sous le masque du patriotisme,
« cherchent à nous surprendre, ma seule réponse est celle-cy : La
« république ou la mort. L'exécution des loix. Protection et respect
« aux personnes et aux propriétés. » (Arch. hist. de la Guerre, Armée
de l'Ouest). Cortez fit partie de l'état-major de Travot dans l'armée
de Hoche, et Carnot lui adressa, le 6 thermidor an IV, la lettre
suivante :« L'issue heureuse de la guerre civile; qu'alimentaient les
« ennemis de la France dans l'intérieur de la République, est due en
« partie à votre zèle et à l'activité avec laquelle vous avez secondé
« les opérations du général Hoche. Recevez le témoignage de la
« confiance du Directoire et de la satisfaction que votre conduite active
« et courageuse lui a fait éprouver. » Chassin, qui publie cette
dernière lettre (*Vendée patriote*, t. III, p. 397), indique que Cortez
mourut à Bessay en 1807.

1. Ed. Lockroy, *Une mission en Vendée*, p. 242.

2. Chateaubriand, *de la Vendée.*

3. Déclaration de Jacques Houdet, administrateur du district de la
Châtaigneraie (Arch. nat. W, 22) : « Mes instances (auprès du com-
« mandant de la colonne), une lettre du général Bard, qui rendoit
« justice à notre commune et à notre brave garde nationale, l'enga-
« gèrent à écrire au général Thureau, qui étoit à Chollet. Il me
« promit d'attendre sa réponse avant de commander aucune voie de
« fait. »

autre fois, avec Joba et David, il démontre à un général « l'atrocité de sa conduite » (1).

Malheureusement ses recommandations restèrent
trop souvent sans effet ; il était suspect d'humanité.
Il voyait approcher le jour où il serait impuissant à
rien empêcher, à moins de se mettre en révolte
contre le général en chef. Il réitéra ses demandes de
congé à Turreau et aux ministres ; il ne reçut pas de
réponse.

Les extraits de sa correspondance militaire, publiés par Savary (t. III, p. 146, 165, 173), montre son
inquiétude en présence de la guerre qui recommence,
et son chagrin de la voir se poursuivre dans les conditions les plus déplorables.

« Du 5 février = Le général Bard (Chantonnay).

« J'ai remis à la disposition de l'adjudant-général Dufour
les troupes que tu m'as ordonné de lui remettre. Il venait
des Essarts où il a été instruit que l'armée de Charette, *forte
d'environ huit à dix mille hommes*, marchait sur la Roche-sur-
Yon. Il en a donné avis au général Duquesnoy, qui se trouvait à Saint-Fulgent et qui est à leur poursuite.

« Je t'observe qu'il ne me restera plus que huit cents hommes
de toutes les troupes que j'avais, et tu verras aisément qu'il
m'est impossible de conserver les postes de Saint-Vincent et
de Chantonnay avec aussi peu de monde.

« La colonne de gauche du général Grignon est ici, et celle
de droite au Puybelliard avec son général. »

« Du 8 février = Le général Bard (Chantonnay).

« Je te préviens, citoyen général, que ma santé ne me
permet plus de rester ici, et que je me retire à Luçon pour

1. Lequinio, *Guerre de la Vendée et des Chouans*, 2ᵉ éd. Paris,
au III, un vol. in. 8ᵉ, p. 50.

la rétablir. Si tu peux me faire obtenir une permission du ministre pour aller aux eaux, tu m'obligeras infiniment, ne pouvant m'aider de mon bras où j'ai reçu plusieurs blessures.

« Je t'observerai en outre que je n'ai plus que quatre cent cinquante hommes qui occupent le poste de Saint-Vincent, tout le surplus m'ayant été enlevé. Comme le général Grignon se trouve ici avec ses deux colonnes, le soin de ce poste lui sera confié.

« Je meurs de chagrin de voir la troupe dénuée de tout, sans habits et sans souliers. »

« Du 9 février = Le général Bard (Chantonnay).

« Une partie de la troupe de Grignon est ici, elle manque absolument de tout; elle marche pieds nus, ainsi que celle que m'a envoyée le général Boucret. Je ne puis leur fournir la moindre chose : les magasins de Luçon manquent de tout ce qui leur serait nécessaire,

« Je me retire à Luçon, et je laisse le commandement de mes postes au chef de brigade Joba, sur lequel je me repose complètement.

Tous les généraux ne méritaient pas la même confiance que Joba. Plusieurs d'entre eux venaient de se faire battre successivement depuis la reprise des hostilités. Leurs troupes, épuisées par des courses continues et inutiles, démoralisées en outre par une campagne qui n'avait rien de commun avec la guerre, offraient souvent une proie facile aux partis d'insurgés qui se multipliaient sous leurs pas. A tort ou à raison, l'opinion s'était accréditée dans les derniers temps que la guerre de Vendée était entretenue et prolongée à dessein par les intrigues et l'ambition de généraux qui voyaient dans le renouvellement des opérations militaires leur propre intérêt plutôt que celui de la République. Nous trouvons, parmi les papiers saisis chez Robespierre (1), un écho de cette opinion dans la lettre ci-après, dont le style bizarre n'exclut pas l'intérêt :

« La Rochelle, le 27 pluviôse (15 février), l'an second de la République.

« Laurent à Robespierre aîné.

« Vrai montagnard, je dois m'adresser à toi pour te dire de grandes vérités, mais frappantes pour le vrai sans-culotte, je t'apprends avec douleur que la scélératesse est à l'ordre du jour dans la Vendée. La conduite infâme qu'y tiennent nos gros épauletiers nous a causé, dans l'affaire d'un mois, sept déroutes. Pour être sûr de mon fait, j'envoyai mon adjoint auprès de Bard, seul général qui veut la finition de cette monstrueuse guerre. Le rapport de ces vérités a été fait au citoyen Jullien, qui se trouve dans les murs de la Rochelle, où ses prédications républicaines ont réchauffé l'esprit de cette commune ; car l'égoïsme et le modérantisme sont très abondants par malheur. Il est très urgent que le Comité de Salut public prenne de grandes mesures, car je crains qu'on ne le trompe... Jullien, commissaire du Comité de Salut public, est très indisposé et n'a pu finir la visite des côtes. Je suis ton concitoyen à la République.

« Signé : Laurent, adjudant général. »

Le Comité de Salut public avait délégué Marc-Antoine Jullien dans les départements depuis le Havre jusqu'à Bordeaux pour s'informer de l'esprit public, « le ranimer, éclairer le peuple, soutenir les sociétés « populaires, surveiller les ennemis de l'intérieur, « déjouer leurs conspirations, » c'est-à-dire entrer partout en contact avec les populations, leur souffler le feu sacré, donner sur tous les points une impul-

1. N° LXIII des Pièces justificatives.

sion conforme aux vues du Comité et lui rendre
compte de la situation. Malgré son extrême jeunesse,
Jullien s'acquitta de cette tâche avec une réelle supériorité. Il y apporta parfois quelque exagération,
d'autres fois, au contraire, une modération qui n'était
ni sans mérite, ni sans danger. Carrier, dénoncé par
lui, voulut le faire exécuter; Jullien lui déclara que,
fils d'un représentant (Jullien de la Drôme) et délégué du Comité de Salut public, il était assuré que sa
mort ne serait pas impunie; Carrier se ravisa (1).

A la Rochelle, où Jullien se trouvait en février, le
général Bournet commandait la douzième division
militaire. Soldat de carrière, quelque peu noble, par-
venu au grade de commandant sous l'ancien régime,
il avait été nommé général quelques jours avant
Bard, et il avait aussitôt remplacé L'echelle à la
Rochelle. Resté un peu en dehors du terrain de la
guerre et mêlé moins directement aux passions qu'elle
suscitait, il dut, selon toute apparence, éclairer Jullien sur beaucoup de points.

Bournet avait d'excellents rapports avec Bard.
Dans une lettre du 26 février aux représentants
Guezno et Topsent à Rochefort (2), il mentionne que
le général Bard est venu à la Rochelle et en est reparti
la veille. Nul doute que les deux généraux n'aient
entretenu le représentant du Comité de Salut public.
C'était plus que leur droit, c'était leur devoir. La discipline militaire pouvait étouffer toute observation
en présence d'ordres formels et impératifs; mais le

______

1. Jullien vécut jusqu'au 4 novembre 1848. Il était né le 10 mars
1775. Sous la Restauration, il fut un des fondateurs du *Constitution-
nel*. C'est une partie de ses papiers que son petit-fils, Edouard Lockroy, député, a publiés en 1893, sous ce titre : *Une Mission en Vendée.*
2. Arch. hist. de la Guerre. Armée de l'Ouest.

gouvernement qui s'inquiétait, à si juste titre, des événements de la Vendée, qui ne recevait que des renseignements contradictoires, et qui avait confié à Jullien une enquête à ce sujet, avait droit au concours de tous, civils et militaires. Il fallait qu'il fût éclairé; l'humanité ne l'exigeait pas moins que le patriotisme.

Le 27 février (9 ventôse), deux jours après la visite de Bard à La Rochelle, Jullien adressait au Comité de Salut public un rapport qui n'était qu'un tableau trop exact des excès commis par les colonnes incendiaires.

« 9 ventose.

Je suis encore à la Rochelle, citoyens, où je me suis occupé de prendre les renseignements que m'avaient invité de prendre vos collègues Topsent et Guezno.

Je suis presque sur les lieux. Je l'ai vu, je le dirai avec franchise, citoyens, on vous trompe, on tourne adroitement à l'avantage de vos ennemis des mesures sages en elles-mêmes que vous prenez pour les détruire. Vous avez ordonné qu'on brûlât les repaires des brigands. Croiriez-vous que, sous prétexte de se conformer à cette disposition d'un de vos arrêtés, on a brûlé des communes entières dont les habitants, animés d'un zèle très louable, s'armaient de fourches, de faux, de fusils et arrêtaient eux-mêmes les brigands pour les livrer à l'armée républicaine? Croiriez-vous que, sous prétexte de suivre vos ordres, on égorge les enfants, les femmes, les municipaux en écharpe, à la suite d'un banquet civique donné par eux à une division de l'armée? Croiriez-vous qu'au moment où la famine semble menacer ces contrées, on incendie jusqu'aux magasins de subsistances et que ceux non incendiés sont livrés à l'ennemi? Croiriez-vous que vos généraux donnent l'exemple du pillage et veulent faire dégénérer en vil métier de voleur le sublime emploi de défenseur de la patrie? J'ai vu des malheureux, abandonnés au déses-

9

poir, n'ayant d'autre perspective que la mort et de la part de l'armée républicaine et de la part de la horde royale. »

Jullien rapporte ensuite qu'une municipalité patriote, ayant, pour se défendre contre la dévastation générale, présenté un certificat de civisme que « le brave Bard, général de brigade » lui avait délivré, le « général chargé de l'exécution de ce qu'on appelle les grandes mesures répond qu'il a des ordres contraires », et traite les habitants comme des rebelles.

« Tout est livré au pillage et à l'incendie. C'était donc peu des maux qu'avaient causés les monstres que nous combattons! Des calamités nouvelles devaient-elles affliger ces contrées et avoir pour auteurs les hommes appelés à les défendre? Dans le même temps, on a soin de ne jamais attaquer les brigands qu'avec des forces inférieures aux leurs, de dégarnir les postes menacés par eux, de ne point faire escorter les convois, pour qu'ils s'en emparent aisément. J'ai lu non pas une, mais vingt lettres de différents soldats ou officiers de différents corps ; j'ai entendu des généraux, des citoyens, des habitants des lieux, des étrangers témoins des faits ; tout se réunit pour dévoiler les mêmes crimes. — Je joins ici une proclamation du général Turreau, qui seule est, à mes yeux, un délit, parce qu'elle offre un tissu de mensonges, parce qu'on présente comme victoire le massacre d'enfants et de femmes, ou de paysans non armés, et qu'on dissimule tous les revers, et c'est ainsi qu'on trompe un peuple libre. »

Ces sages avis, donnés au gouvernement, ne pouvaient guère porter leurs fruits qu'au bout d'un certain temps. Seraient-ils accueillis? Rien n'était moins certain. Ceux qui voyaient les choses de près s'imaginaient volontiers que la barbarie et l'impuissance du système suivi par Turreau éclateraient à tous les yeux, et que le Comité de Salut public interviendrait. Le bruit courut même du rappel des généraux signalés par leurs excès. « Ces généraux sont destitués, écrivait, le 4 ventôse (22 février) un officier du bataillon de la Liberté (1). Bard et Westermann sont seuls conservés ; puisse un traitement plus doux nous ramener enfin les paysans égarés ! » Mais l'illusion des patriotes vendéens ne dura pas longtemps. Carrier, dans un discours forcené à la Convention (3 ventôse, 21 février), venait de dépeindre sous les plus noires couleurs les habitants et les administrateurs de la Vendée. Jamais l'état des esprits à Paris n'avait été moins propice à une appréciation calme et raisonnée des événements, ni moins favorable à une politique indulgente et large. On voyait partout des complots et des traîtres. Les plus anciens et les plus ardents défenseurs de la République devenaient suspects. En proie à un véritable délire, le parti de la Révolution se déchirait de ses propres mains, et, quelques jours après l'exécution des « ultras », la « faction des indulgents (2) » allait monter à son tour à l'échafaud, en y entraînant Westermann lui-même, l'adversaire le plus redouté des rebelles. Pendant ce temps Turreau restait maître de continuer comme il avait commencé. L'inefficacité avérée de ses plans, les retours offensifs de l'insurrection, les défaites successives essuyées par ses troupes n'étaient pas de nature à le disposer favorablement.

Revenu à son commandement, Bard y reçut l'ordre

---

1. Correspondance du capitaine Dupuy, dans Boissonnade, ouvrage déjà cité, p. 347.
2. C'est l'expression de Saint-Just dans son rapport contre Danton.

de sacrifier Chantonnay, son poste avancé, et il fut avisé des mesures préparées contre les régions qu'il avait réussi à protéger. Il ne lui était pas permis de résister ouvertement; son devoir lui interdisait de compliquer d'une révolte militaire les événements qui se déroulaient. Il tenta, plus énergiquement que jamais, de se soustraire à des fonctions qui lui imposaient d'aussi douloureuses nécessités.

Invoquant son état de santé, il écrivit, le 1er mars, au ministre de la guerre la lettre suivante, où la vivacité du début et le sous-entendu irrité de la fin trahissent malgré tout l'état violent de son âme.

« Luçon, le 11 ventôse l'an deuxième de la République française une et indivisible.

Liberté   Egalité
Mort aux tyrans

« Bard, général de brigade, à Bouchotte, ministre de la Guerre, salut.

« C'est pour la troisième fois que je t'écris pour obtenir de toi la permission de me rendre aux eaux : c'est le seul moyen médicinal qui me reste pour redonner à mon bras la force qu'il a perdu. Renvoyer les remèdes à une époque plus éloignée serait consentir à ne plus jouir de mon bras; et tu es trop juste pour ne pas m'accorder la facilité de rétablir cette portion de mon corps, que je veux faire contribuer à la destruction des ennemis *de toute espèce* de ma patrie.

« Ton concitoyen   « Bard

« Je n'ai point reçu mon brevet de général de brigade ; je te prie de me le faire passer de suite (1). »

1. Cette lettre est aux Archives administratives de la Guerre. — Le post-scriptum donne lieu de penser que les bureaux de la Guerre, où les Hébertistes amis de Ronsin étaient entrés en grand nombre,

Quant aux dispositions à prendre à l'égard de Chantonnay, Bard crut ne pouvoir mieux faire que d'en charger l'adjudant-général Cortez, enfant du pays, dont les sentiments lui étaient connus, et qui, obligé de donner une apparence de satisfaction aux mesures du général en chef, était en même temps résolu à en exempter tout ce qui pourrait y être soustrait. La première opération de l'évacuation des postes consistait d'ailleurs dans l'enlèvement des denrées, et cet enlèvement pouvait demander quelque délai.

Le 2 mars (12 ventôse) le général Bard écrivait au général en chef :

« Je viens de donner l'ordre à l'adjudant général Cortez de mettre tes ordres à exécution, en lui enjoignant de faire enlever tous les comestibles qui sont dans Chantonnay ; pour cet effet j'ai requis le comité des subsistances militaires de me fournir des voitures.

« Je crains bien, général, que l'incendie de Chantonnay, ainsi que le désarmement des paroisses qui se sont constamment battues contre les rebelles, ne nous fournissent beaucoup d'hommes à combattre ; tous ces gens-là craignent l'entrée des brigands dans leurs paroisses ou craignent d'être incendiés. Sans doute que le bien général l'exigeait, puisque tu l'as ordonné. Comme Saint-Vincent ainsi que Chantonnay étaient exceptés de l'incendie dans ton premier ordre de

tenaient en défaveur le général Bard. Ils retardaient intentionnellement la délivrance des brevets aux généraux qui n'étaient pas de leurs amis. La Convention nationale fut saisie de cette question par Merlin de Thionville dans sa séance du 7 nivôse an II. Le brevet du général Bard, que nous avons sous les yeux, est ainsi daté : « Donné à « Paris le quatrième jour du mois d'octobre mil sept cent-quatre-vingt- « treize, l'an deuxième de la République Française, une et indivi- « sible. LE CONSEIL EXÉCUTIF PROVISOIRE, *Deforgue*. LE MINISTRE DE « LA GUERRE, *J. Bouchotte*. »

marche, j'ai cru ne pas devoir incendier Saint-Vincent puisque tu ne l'ordonnes pas. Ces deux postes étaient bien intéressans pour la communication de la Rochelle à Nantes.

« J'ai pris toutes les mesures convenables pour défendre Luçon, mais je n'ai point assez de forces pour le garantir, et je m'attends bien que les brigands, ne trouvant plus d'obstacles en avant pour les arrêter, ne manqueront pas de faire des incursions dans le pays, vers Saint-Hermand et Luçon.

« Il y a eu hier une fusillade à la Roche-sur-Yon. Je n'en sais pas le résultat ; seulement quelques fuyards sont arrivés ici.

« *Je me trouve dans ce moment hors d'état de servir* : mes plaies se sont rouvertes, je crains d'être estropié de mon bras ; je te prie donc de me faire obtenir une permission pour aller aux eaux. »

Savary, à qui nous empruntons le texte qui précède (1), ajoute que les objections du général Bard à son supérieur, formulées dans cette lettre, le firent considérer comme un contre-révolutionnaire et causèrent sa destitution.

Le lendemain du jour où il écrivait la dépêche qu'on vient de lire, Bard faisait tristement part à son collègue Bournet des ordres qu'il avait reçus. Il lui montrait la sécurité de la Plaine compromise par ces ordres mêmes.

« Les brigands peuvent venir facilement à Luçon, rien ne les empêche. J'ai seulement huit cents hommes à leur opposer. Mais envoie-moi de la cavalerie, mon cher camarade. Tu

1. A défaut de l'original. A en juger par les comparaisons que nous avons pu faire avec les originaux qui subsistent, Savary reproduit très fidèlement les documents qu'il a eus sous les yeux. Cependant, sans nuire à l'exactitude et avec une loyauté parfaite, il abrège quelquefois, ce qui l'amène à supprimer certains détails vivants et pittoresques, qu'on aime généralement rencontrer dans une correspondance, et qui lui donnent son véritable accent.

en as, à Rochefort, qui ne t'est pas utile. Je t'assure que je
me défendrai. Je prends toutes les mesures. Je vais faire évacuer
les munitions que j'ai, et vais engager la municipalité
à évacuer les grains. Si l'on croit la guerre de la Vendée
finie, on se trompe. Ces messieurs sont... (1)

« Salut et fraternité. *Signé* : BARD.

Un autre péril menaçait Luçon et Fontenay. Turreau
nourrissait des projets impitoyables contre ces
villes. Il fallait donc aviser, aller au devant du fléau,
le désarmer par des démonstrations de zèle et
de civisme.

Bard avertit les habitants de Luçon et les mit en
garde contre le danger suspendu sur leur tête, afin
qu'ils pussent le conjurer autant qu'il dépendait d'eux.
Nous trouvons dans ses papiers les procès-verbaux
suivants (15 à 18 ventôse, 5 à 8 mars), qu'il faut lire
entre les lignes.

« Extrait du registre des délibérations du Comité de surveillance
de la commune de Luçon.

« Suite de la séance du même jour 18 ventôse, deuxième
année de la République une et indivisible.

« Le Comité de Sûreté générale de la Société populaire et
républicaine de Luçon nous a adressé l'arrêté suivant :

« Aujourd'hui, 15 ventôse, 2° année de la République
française une et indivisible, la séance ouverte par la lecture
du procès verbal de la dernière séance, le général Bard a été
admis, et a fait part au Comité des inquiétudes qu'il conçoit
de voir dans les murs de Luçon une foule de réfugiés dont
le civisme n'est pas assez connu, et qui ne permet pas trop
d'établir une confiance assurée. Le citoyen Bard a en consé-

1. Arch. hist. de la Guerre, Armée de l'Ouest. Cette lettre n'existe
qu'en copie, certifiée conforme par le secrétaire des représentants du
peuple, et incomplète comme on le voit.

quence proposé au Comité de faire choix de personnes sûres
pour surveiller de la manière la plus sévère les réfugiés et les
étrangers qui habitent maintenant cette commune.

« Le Comité arrête qu'il proposera au Comité de Surveillance et révolutionnaire de Luçon les mesures suivantes :

« 1° Que le Comité de Sûreté générale de la Société populaire instruira le Comité de Surveillance de la ville *des événements dont nous sommes menacés*;

« 2° Qu'après de mûres réflexions, dictées par l'amour du
bien public, il serait proposé au Comité de Surveillance de se
réunir à celui de la Société pour aviser aux moyens de *détour-
ner l'orage*;

« 3° Les mesures prises par le Comité de Sûreté générale
sont de nommer plusieurs citoyens de Luçon, dont le
civisme soit prononcé, pour exécuter sur cette ville la surveillance la plus sévère, comme d'examiner attentivement
ceux qui entrent et ceux qui sortent, de pénétrer dans l'intérieur des maisons pour interroger les étrangers qui pourraient y être logés, et que les papiers dont ils seront por-
teurs soient scrupuleusement examinés ;

« 4° Les aubergistes et habitants de cette commune seront
tenus d'avoir un registre où ils inscriront tous ceux qui arrivent
chez eux, n'y resteraient-ils qu'une demi-heure. Ces mesures
exactement exécutées feront sans doute découvrir les
complots perfides et rendront nulles les manœuvres des mal-
veillants, et les espions de nos ennemis verront se briser
contre de tels moyens leur entreprise criminelle... Pour copie
conforme, signé : Bernard, secrétaire.

« Suite de la séance au même jour, 18 ventôse, deuxième
année de la République française une et indivisible.

« Le Comité de Surveillance, ayant pris en considération
l'arrêté du Comité de Sûreté générale de la Société populaire, arrête qu'il lui sera écrit la lettre suivante :

« Le Comité de Surveillance invite le Comité de Sûreté
générale de la Société populaire à se réunir avec lui au lieu
de ses séances, aujourd'hui trois heures après-midi, pour,
avec deux membres municipaux, aviser de concert aux
moyens de déjouer les complots de nos ennemis. »

Durant ces mêmes journées, Fontenay-le-Peuple apprenait à la fois l'approche des insurgés du côté de la Châtaigneraie et les effrayants projets du général en chef. L'inquiétude et la confusion y étaient au comble. Les plus terribles appréhensions glaçaient tous les courages. Le 5 mars (1) « le Directoire du département s'occupe de l'emballage de ses archives, et la Municipalité prend de nouvelles dispositions pour soustraire à l'ennemi les caisses et papiers des administrations. On décide alors qu'il sera envoyé des courriers extraordinaires aux représentants en mission à Nantes et à Rochefort..... A sept heures du soir, le général Bard, accompagné de ses aides de camp, entre à la Société populaire et y est reçu aux acclamations générales. Il expose que sa démarche a pour but de rassurer la commune. Il lui promet de prendre, avec le général Duval, commandant la division, les mesures propres à préserver la ville de l'invasion des rebelles ; qu'il lui est attaché ; qu'il prend part à son infortune, et jure sur son honneur de voler à son secours au premier signal du danger. Il ajoute qu'il voit avec une très vive satisfaction les habitants être restés à leur poste, et il les invite, au nom de leur propre salut, à déployer toute l'énergie des hommes libres, si leur commune est attaquée.

« Testard (maire de la ville), prenant alors la parole, dépeint au général l'énergie des habitants, lui fait part des mesures prises par le Conseil pour relever le courage de ses concitoyens, prêts à mourir pour la défense de leurs foyers et de leur liberté. Il lui témoi-

1. Ce qui suit est tiré des *Chroniques fontenaisiennes* publiées, par A. Bitton, dans l'Annuaire de la Société d'émulation de la Vendée, année 1894. — V. aussi Ed. Lockroy, p. 322.

9.

gne ensuite, au nom de la commune, toute sa reconnaissance pour les preuves d'attachement et de fraternité qu'il ne cesse de leur donner. La séance se termine au bruit d'acclamations, et par une accolade donnée par les dames au général, qui a été conduit à son logement escorté par [une nombreuse députation de la Société populaire.

« 6 mars. — A trois heures du matin, la garnison de la Châtaigneraie qui, prise de panique la veille, avait pris la fuite pendant l'action, entre dans la ville en pleine débandade. La générale bat dans toutes les rues à la fois, et des officiers municipaux courent, bride abattue, faire sonner le tocsin dans toutes les paroisses des environs. Dès le soir même, les habitants du Marais, levés en masse, affluent par toutes les portes au nombre de dix mille, et viennent se ranger sous les ordres du général, que l'on porte en triomphe à son arrivée.

« Le général Bard fait une nouvelle apparition à la Société populaire, à laquelle il exprime sa satisfaction de se trouver dans son sein. Cougnaud, son président, invite le général à prendre place au bureau. Bard ranime le courage des habitants, et engage les réfugiés à continuer de se montrer bons patriotes et à ne jamais desservir la cause des habitants ; que quant à lui il fera tous ses efforts pour être utile à Fontenay et à sa patrie.

« 7 mars. — Bard va rendre visite à la Municipalité. Un détachement de cavalerie va réoccuper la Châtaigneraie. »

Ce n'était pas seulement contre l'irruption des insurgés que la présence de Bard protégeait les Fontenaisiens, c'était contre la destruction ordonnée par le général en chef, qui avait jugé plus facile d'anéantir la ville que de la défendre. Benjamin Fillon et O. de Rochebrune racontent comment, pour la seconde fois, Bard sauva Fontenay. « Les mesures étaient déjà prises pour procéder à cette sauvage exécution, lorsque Bard et le commandant de place Petit-Laurent refusèrent d'obéir, et parvinrent à dissiper les préventions du général en chef de l'armée de l'Ouest. Ce danger conjuré, il ne se passa plus aucun fait saillant à Fontenay pendant tout le reste de la Révolution (1). »

On comprend aisément, d'après cela, les manifestations de sympathie qui accueillaient le général Bard ; la popularité n'est pas toujours acquise par des services aussi sérieux et des moyens aussi légitimes.

Luçon et Fontenay étant momentanément préservés, Bard attendait le résultat des démarches qu'il avait faites pour quitter la Vendée. Mais s'il voulait rester étranger aux excès, il n'en continua pas moins à exercer au point de vue militaire la surveillance active qui lui incombait.

1. B. Fillon et O. de Rochebrune *Poitou et Vendée*, Fontenay-le-Comte, 1861, page 89. — Dans ses *Recherches historiques et archéologiques sur Fontenay*, Benjamin Fillon rapporte que Petit-Laurent garda trois jours, au péril de sa vie, l'ordre barbare de Turreau, jusqu'à ce que Bard en eût obtenu la rétractation. Il donne aussi d'intéressants détails sur cet honnête citoyen, qui devint l'ami du général Bard. Jean-Baptiste Petit-Laurent était né, le 11 février 1753, à Montmirey-le-Château (Jura), d'une famille de cultivateurs. Entré au service et blessé durant la guerre d'Amérique, il n'était cependant devenu officier qu'à la Révolution. Attaché à l'état-major de la place de Fontenay en qualité de capitaine, puis, le 12 germinal an IV, de chef de bataillon, il refusa ensuite le grade d'adjudant général « afin de rester à Fontenay, dont il ne sortit plus. » Il y exerça les pouvoirs considérables que lui donnait l'état de siège avec la plus grande modération et une véritable sollicitude pour les malheureux de chaque parti. Il prit sa retraite à la fin du Consulat.

Le 14 mars, il adressait cette dépêche au général
en chef :

« La majeure partie de l'armée de Charette se disperse dans
les paroisses voisines, et augmente considérablement le
nombre des brigands. Je ne crois pas qu'il existe d'armée
en ce moment; mais *les individus qui ont perdu leurs propriétés
par les flammes,* ainsi que les jeunes gens de la réquisition,
se réunissent dans les paroisses, et vont commettre des horreurs chez les patriotes qu'ils connaissent. Je te préviens que
la grande majorité est sans armes : il paraît qu'ils ont envie
de s'emparer du poste de la Châtaigneraie. Charette s'informe
beaucoup des postes où nous pouvons avoir des munitions;
il s'est approché des miens, mais il n'a osé les attaquer.
J'attends tes ordres (1). »

C'était Joba qui veillait à la Châtaigneraie. Le
16 mars, il se dégagea par une vigoureuse charge de
cavalerie, et le lendemain, 27 ventôse, il en informait Bard. Sa lettre est du style excessif qui lui était
habituel (2). A cette époque la déclamation était partout, parce que toutes choses avaient perdu leurs proportions ordinaires. Cette exagération apparente était
le plus souvent de la sincérité. Soldat de profession,
plus expert à manier le sabre que la plume, Joba
montra ce qu'il était par ses nombreux faits d'armes,
ses glorieuses blessures et sa mort sur le champ de
bataille devant Gerona.

« Connaissant, écrivait-il à Bard, l'intérêt que vous prenez à
ce qui me regarde, et de plus votre belle âme brûlant tout
entière pour le triomphe de la patrie, je me hâte de vous

1. Savary, t. III, p. 290.
2. Voir plus loin une autre lettre de lui.

faire part d'une victoire, mais d'une victoire très complète. Hier, 26, l'ennemi a été battu par ma colonne, dérouté, poursuivi, foulé, renversé, haché, sabré, enfin exterminé à l'aide de deux cent soixante chasseurs à cheval, à la tête desquels j'ai chargé ces errants polissons pendant dix heures. Jamais je n'ai été témoin d'une plus affreuse boucherie.[1]

« Après avoir vaincu à Réaumur, je me portai de suite à S¹ Mesmin, où je venais d'apprendre que huit cents de ces vils gredins venaient secourir leurs frères déjà saccagés. J'entrai ventre à terre à S¹ Mesmin. Mes deux cent soixante hommes à cheval enveloppèrent à toute course cinq cents de ces gueux-là. Soixante n'échappèrent pas à notre bouillante ardeur.

« Enfin il ne manqua rien à la victoire, et, au milieu d'elle, je pensai à Bard. Je vengeais mon ami des blessures qu'il avait reçues de ces fripons-là, et mon cœur fut soulagé.

« J'ai fait avec ma cavalerie plus de quinze lieues, et toujours ventre à terre. L'univers brigand rassemblé n'aurait pu résister à l'impétuosité de notre charge.

« Je voulais ce jour-là démontrer à tous mes amis que je suis digne de leur bonne amitié. Je voulais prouver à beaucoup que, pour vaincre, il ne faut que de l'audace et le courage d'un vrai républicain (1). »

Bard informa Bournet du succès remporté par Joba. Bournet répondit par la lettre suivante, que nous trouvons dans les papiers de Bard.

« Liberté.   Égalité.

« La Rochelle, le 29 ventôse, l'an deuxième de la République Française une et indivisible.

« Le général de brigade commandant la douzième division militaire Bournet au général de brigade Bard à Luçon.

« Je te remercie bien vivement, mon bon ami, de l'excel-

---

1. Arch. hist. de la Guerre, Armée de l'Ouest.

lente nouvelle que tu nous donnes. Je souhaite comme Joba
que la boucherie qu'il a faite des brigands serve de baume à
tes blessures. J'ai répandu sur le champ ce triomphe de nos
frères d'armes, et j'en ai fait part aux représentants et à
Julien. Continue à purger totalement le sol de la liberté de
la horde fanatique.

Je t'adresse copie d'une lettre du représentant Lequinio,
d'Angely-Boutonne le 28 ventôse, à laquelle je te prie de te
conformer en me prévenant à l'avance du jour où les deux
cents hommes qu'il me charge de te demander arriveront à
la Rochelle.

Salut et Fraternité.

« BOURNET. »

La joie de ces braves s'augmentait, semble-t-il, de
la satisfaction de se trouver en face de l'ennemi dans
les conditions normales de la guerre. Les vendéens,
il est vrai, ne faisaient pas de quartier. Le général
Moulin jeune, tombé entre leurs mains, n'avait pas
hésité à se brûler la cervelle pour échapper au supplice qui l'attendait, et le général Haxo en fit
autant quelques jours plus tard. Mais ces risques
mêmes étaient préférables pour des soldats à la
besogne sans danger qu'avaient dû accomplir certains de leurs compagnons d'armes.

L'exécution de ce que Jullien appelait ironique-
ment les grandes mesures de Turreau n'avait pas eu
lieu d'ailleurs sans protestation. Pour apprécier le
courage de ceux qui réclamèrent, il faut remarquer
qu'on était au moment le plus aigu de la grande crise.
La surexcitation était générale ; la défiance était partout ; les agents de la réaction, unis aux énergu-
mènes de la révolution, semaient les divisions et la
haine ; les meilleurs citoyens étaient mis en suspi-

cion; les accusés se succédaient par fournées devant les tribunaux révolutionnaires. Il fallait être doué d'une rare énergie ou obéir aux inspirations du désespoir pour se jeter à la traverse de ce courant qui semblait tout entraîner vers les mesures extrêmes. Cette énergie ou ce désespoir se rencontra chez quelques patriotes vendéens; ils osèrent élever la voix sous le sabre même de Turreau.

Dès le 20 février, Périot confiait aux représentants Topsent et Guezno son témoignage écrit sur la légèreté incroyable et l'absence de scrupules avec lesquelles Turreau avait ordonné, le 18 janvier, la ruine d'une partie de la Vendée (1). Le 19 ventôse (9 mars), Chapelain, député par la Société populaire de la Châtaigneraie auprès des mêmes représentants du peuple à Rochefort, leur avait remis une relation détaillée des excès dont il avait été témoin (2).

Le conventionnel Topsent, originaire de Quillebœuf, était un ancien officier de la marine marchande; sous le Directoire, il passa dans la marine militaire comme capitaine de frégate, et continua sa carrière sous l'Empire et la Restauration. Son « sans-culottisme » était alors plus prononcé que celui de son collègue Guezno de Botsey, honnête Breton d'Audierne, qui s'était, dès la première heure, déclaré en faveur des idées nouvelles, fut exilé sous la Restauration, et ne put rentrer qu'en 1830 dans son pays

1. Voir plus haut, page 134.

2. Cette relation a été souvent utilisée par les historiens. Chapelain devint plus tard membre du Conseil des Cinq-Cents. Il renouvela ses dénonciations contre le général Turreau, et il paraît qu'il fut si affecté de l'acquittement de ce dernier qu'il tenta de se suicider. (*Dictionnaire des Parlementaires français*).

natal (1). L'un et l'autre étaient animés d'intentions patriotiques ; toutefois leur mission, ayant surtout pour objet les choses de la marine, ne devait pas donner, quant à la politique générale, des résultats importants.

A côté d'eux un autre représentant du peuple se chargea bientôt de recueillir les doléances des patriotes de la Vendée. Ce modérateur n'était autre que le violent Lequinio, considérablement assagi. Benjamin Fillon, qui le juge avec une grande sévérité, affirme que son changement de conduite tenait à la prochaine arrivée des représentants Hentz et Francastel, ses adversaires déclarés, tous deux ultra-révolutionnaires, dont il n'acceptait pas le contrôle (2). Quoi qu'il en soit, voici comment Lequinio s'explique à ce sujet dans la préface du mémoire (3) qu'il fit imprimer.

« Le Comité de Salut public parut croire bien faire de me consulter sur cette guerre dans le mois de pluviôse dernier (4). Les mesures de terreur que le général Turreau avait prises et les horreurs qui accompagnaient leur exécution me produisant des réclamations sans nombre à Rochefort, où je me trouvais alors, je me déterminai, après avoir consulté mes collègues Topsent et Guezno, à faire une nouvelle tournée dans la Vendée pour voir plus exactement.

1. *Dictionnaire des Parlementaires français.* Voir aussi plus haut, page 101.

2. Benjamin Fillon, *Recherches sur Fontenay*, t. I, p. 451.

3. Lequinio, *Guerres de la Vendée et des Chouans*, seconde édition, 1 vol. in-8°, Paris, 30 brumaire, de l'an III.

4. Note de Lequinio : « La lettre du Comité est du 18 pluviôse » (6 février).

« Le résultat de ce voyage fut de me déterminer à rédiger le mémoire suivant... J'arrivai à Paris vers la mi-germinal (1), et j'y lus, au Comité, ce mémoire tel que je le donne ici ; une copie est restée déposée dans ses archives, avec les pièces dénonciatives en original. »

1. C'est le 31 mars que Lequinio arriva à Paris. Il avait quitté la Vendée le 24 mars, en même temps que Tillier et Chapelain, commissaires délégués pour s'associer à ses démarches.

CHAPITRE IV

Suspension et Incarcération du général Bard.

Bard est suspendu par le général en chef, qui ordonne en même temps la dévastation du pays au nord de Luçon. — Bard quitte Luçon. —Protestations des sociétés populaires. Manifestations des populations et de l'armée en faveur de Bard. — Lettre de Huché, successeur de Bard, à Turreau. — Bard ne transmet pas à son successeur l'autorisation d'établir une commission militaire. — Bard et les représentants du peuple à Nantes. — Démarches, à Paris, des patriotes vendéens. — Hostilité de Luçon contre le général Huché. — Huché suspend la Société populaire. — Huché est arrêté par le Comité de surveillance révolutionnaire. — Le général en chef incrimine le « modérantisme » de Bard. — Les représentants Hentz et Francastel font jeter Bard en prison. — Lettre de Périot à Bard. — Rapport des représentants, qui envoient Bard à la commission militaire. — Imputations absurdes. — Suite des rapports de Hentz et de Francastel. — Arrêté du Comité de Salut public, du 24 floréal an II (13 mai 1794), suspendant à la fois le général en chef, le général Bard et d'autres généraux. — Bard reste détenu. Diverses lettres relatives à cette détention. — Lettres de Bard au Comité de Salut public, aux corps administratifs, aux sociétés populaires, aux Jacobins, au président de la Convention (7 thermidor an II).

Avant que les protestations de la Vendée patriote ne fussent parvenues au Comité de Salut public, Turreau avait résolu de se débarrasser du général dont la présence à Luçon l'empêchait de porter à son gré le fer et le feu sur les rives du Lay et de la Semagne. Il se décida à frapper le général Bard.

Le 24 mars, il signa l'ordre suivant, qui a été souvent reproduit, quelquefois incomplètement.

« Au quartier général à la Motte-Achard, le 4 germinal, l'an deuxième de la République française, une et indivisible.

« Liberté, Fraternité, Egalité ou la Mort.

« Turreau, général en chef de l'armée de l'Ouest.

« Il est ordonné au général Huché de partir sur le champ pour se rendre à Luçon. Il prendra le commandement de toutes les forces qui s'y trouvent, ainsi que dans les postes adjacents. Il fera enlever, par tous les moyens militaires, les subsistances et fourrages qui se trouvent, sur la droite, depuis Sainte-Hermine jusqu'à Chantonnay ; en avant de lui, jusqu'à Saint-Hilaire de Voust, la Chaize-le-Vicomte et Chateau-Guibert ; sur la gauche, depuis le Bourg sous la Roche-sur-Yon et le Tablier, jusqu'à la Claye, le tout inclusivement. Toutes les subsistances qui en proviendront seront reversées, ainsi que les bêtes à cornes, sur Luçon. Aussitôt les enlèvements faits, tous les bourgs, villages, hameaux, fours et moulins seront entièrement incendiés sans exception ; les habitants seront renvoyés sur Luçon. Bien entendu que ceux qui seront reconnus avoir pris part directement ou indirectement à la révolte de leur pays seront exterminés sur le champ. Il se conformera particulièrement à l'arrêté des représentants du peuple du 2 ventôse, concernant les réfugiés. *Il remettra au général Bard nos ordres portant sa suspension provisoire* (1). »

« Le Général en chef de l'armée de l'Ouest, TURREAU. »

1. En supprimant la fin de cet ordre, les écrivains contre-révolutionnaires (V. notamment Wallon, les *Représentants du peuple en mission*, t. I, p. 167, et Eugène Veuillot, ouvrage déjà cité) laissent ignorer que des généraux patriotes risquaient leur tête plutôt que de s'associer à de pareilles violences. Le parti de la Révolution apparaît ainsi comme en dehors de l'humanité, pendant que le parti contraire est supposé l'asile de la modération et de la vertu. Il est juste d'ajouter que la prétérition notée par nous n'est pas commise par

En même temps qu'il était suspendu, Bard recevait l'ordre de se rendre à Nantes, où se trouveraient réunis le général en chef et les représentants du peuple.

Il répondit à Turreau le 27 mars :

« J'ai reçu l'ordre de me rendre à Nantes, j'obéis et je pars demain. J'irai à petites journées parce que ma santé et mes plaies ne me permettent pas de faire le voyage aussi promptement que je le désirerais (1). »

Le général Huché écrivait le même jour au général en chef (2) :

« Je suis arrivé à Luçon le 25 à sept heures du soir, et je me suis empressé de donner des ordres conformes à ceux que j'ai reçus de toi à mon départ (3). — J'ai remis au citoyen Bard sa suspension (4). Il part demain pour Nantes encore convalescent de ses blessures. »

Huché indiquait ensuite comment allaient s'exécuter les ordres de destruction.

Les mesures prises par le général en chef provo-

tous les historiens royalistes. Ce qui est regrettable, c'est qu'elle le soit par des érudits qui ont l'air d'écrire l'histoire avec des documents, et ne peuvent s'empêcher de l'écrire avec des idées préconçues. Certaines thèses historiques ont été ainsi échafaudées à grand renfort de citations fragmentaires savamment combinées. Grâce à ce procédé, on peut faire dire à l'histoire à peu près tout ce qu'on veut.

1. Savary, t. III, p. 315.
2. Savary, t. III, p. 314.
3. Relativement à l'incendie de toute cette partie du pays. (Note de Savary).
4. Turreau le fit destituer par les représentants du peuple (Note de Savary).

quèrent de toutes parts un sentiment de révolte contre Turreau et son agent. Les sociétés populaires réclamèrent avec vivacité. La Société de Luçon, dès l'arrivée de Huché, dépêcha dans ce but deux de ses membres aux représentants du peuple près l'armée. Le Comité de Surveillance révolutionnaire de Fontenay écrivit « au républicain Turreau, général en « chef : Il est de notre devoir de te faire entendre la « vérité ; de vrais républicains comme nous sont faits « pour te la dire et toi pour l'entendre ; tu es notre « frère. Les ordres que tu donnes au général Huché « à Luçon... sont sous tous les rapports un attentat « à la chose publique. »

D'un autre côté, des protestations se signaient en foule en faveur du général Bard. Nous en avons sous les yeux deux liasses, que le général avait conservées comme un souvenir précieux des sympathies des populations et de ses frères d'armes.

Il est assez singulier de voir les corps de troupes se livrer à ces manifestations, dont le principe était respectable et touchant, mais qui n'en semblent pas moins en désaccord avec les habitudes militaires.

Nous ne pouvons songer à reproduire une telle quantité de documents. Nous indiquons seulement l'origine des principaux d'entre eux : Le maire, les officiers municipaux, notables et membres du conseil général de la commune de Luçon ; — la Société populaire et républicaine de Luçon ; — le commandant de la place de Luçon ; — le maire et les officiers municipaux de Chantonnay ; — la Société populaire régénérée de la commune de Niort ; — la Société républicaine régénérée de Fontenay-le-Peuple ; — les administrateurs du district de Fontenay-le-Peuple ; — le conseil général permanent de la commune de

Fontenay-le-Peuple ; — les administrateurs du département de la Vendée, réunis en directoire du département ; — le Comité de surveillance révolutionnaire de Fontenay-le-Peuple ; — la compagnie des canonniers de la Section des Arcis de Paris, assemblée à Niort ; — la Cavalerie Nationale stationnée à Luçon ; — le Conseil d'administration de la Gendarmerie nationale à Luçon ; — la deuxième division du Bataillon de Paris ; — la Cavalerie franche de la Vendée ; — le Bataillon de Montlieu ; — le quatrième bataillon de Lot-et-Garonne ; — le troisième bataillon de Loir-et-Cher ; — la Compagnie franche de la Rochelle ; — le troisième bataillon de la Vienne ; — le quatrième bataillon du Puy-de-Dôme ; — le cinquième bataillon de la Dordogne ; — la Compagnie des canonniers de Fontenay-le-Peuple ; — le Bataillon du district de Niort ; — le septième bataillon de Saône-et-Loire ; — le premier bataillon le Vengeur ; — le bataillon de l'Union ; — la Compagnie franche de l'Espérance. département du bec d'Ambez, etc., etc.

Le jour même où fut connue la suspension du général Bard, l'adjudant-général Cortez écrivait :

« Pendant le temps que j'ai été employé sous les ordres du général Bard, je l'ai toujours connu pour un ardent défenseur de la République, ennemi juré de l'intrigue et de l'ambition, et gémissant des actes des partis vendus à Pitt, qui clandestinement déchirent la République et cherchent à la perdre sous le masque du patriotisme le plus ardent. »

Bard avait reçu la déclaration suivante des représentants de Chantonnay :

« Nous soussignés, maire et officiers municipaux de Chantonnay, certifions et attestons à tous ceux à qui il appartiendra que le général de brigade Bard, commandant la division de Luçon, a commandé la force armée dans notre commune; — qu'il a constamment développé les principes d'un vrai républicain, soit en ralliant les soldats de la République, soit en terrassant ses ennemis, et *a de plus toujours employé les moyens qui étoient en son pouvoir pour protéger les personnes et les propriétés des citoyens*, et pour détruire les brigands qu'il n'a cessé de poursuivre avec avantage jusque dans le fond de leur retraite; pourquoi le général Bard a mérité notre estime, emporte nos regrets et ceux de tous les vrais amis de la Liberté et de l'Égalité. »

(Signé par Guicheteau, maire, par les conseillers municipaux et par le juge de paix du canton.)

La modération de Bard à l'égard des personnes et des propriétés n'était peut-être pas ce qui pouvait lui valoir le plus sûrement l'indulgence de certains de ses juges, pour lesquels modération était synonyme de faiblesse. Mais c'était ce qui allait le plus au cœur des patriotes vendéens, et on retrouve ce même éloge particulier dans presque tous les documents émanés d'eux.

Voici comment s'exprimait le directoire du département :

« Département de la Vendée.

« Liberté, Egalité   Fraternité ou la mort.

« Les administrateurs du département de la Vendée certifient à tous ceux qu'il appartiendra que l'opinion la plus commune sur le général Bard est qu'il s'est comporté en brave militaire et en bon patriote. Nous attestons aussi que toutes les fois que nous l'avons entendu parler, soit à notre société populaire, soit à la force armée, il n'a jamais manifesté que des principes vraiment républicains, et que ses discours ne tendoient qu'au *maintien de la discipline militaire et au respect dû aux propriétés des patriotes.*

« A Fontenay le Peuple, en directoire du département, le 11 germinal, l'an deuxième de la République française une et indivisible.

« Aristide Dillon, Benj. Gauly, A. J. B. Martineau, Bouron Ga..., Joubert aîné, Mercier, Jn M. Cougnaud sre gal. »

Les membres du Comité de Surveillance révolutionnaire de Fontenay s'accordaient également à louer le général Bard d'avoir maintenu parmi ses troupes la discipline la plus sévère.

« Liberté, Egalité, Fraternité ou la mort.

« Nous membres du Comité de surveillance révolutionnaire de Fontenai-le-peuple, attestons et affirmons à tous ceux à qui il appartiendra que le général de brigade Bard s'est toujours comporté dans la Vendée en homme prononcé et énergique : *qu'il n'a jamais souffert la désobéissance aux loix ; qu'il au contraire maintenu, dans la troupe républicaine dont il a eu le commandement, la discipline la plus sévère,* et a poursuivi les brigands avec courage et fermeté. Affirmons en outre qu'il a manifesté l'attachement le plus sincère à la révolution ; qu'il est venu lui-même à notre comité nous proposer les mesures les plus salutaires, et que son opinion politique n'a jamais paru tendre qu'au triomphe de la liberté.

« Fontenai-le-peuple, le 8 germinal l'an deuxième de la République française une et indivisible.

« Jn Gaspard, Barbotin, Rondard, Denfer, Bidat, Joly, Delangle, Gauly secre. »

Il est curieux de rechercher comment s'exprimaient les militaires au sujet de leur ancien général. Quelques pièces suffiront à nous fixer à cet égard.

« La Compagnie des canonniers de la Section des Arcis de

Paris, étant assemblée le neuf germinal, deuxième année de la République française une et indivisible,

« Déclarons que depuis le dix-sept de brumaire, époque à laquelle nous sommes entrés sous les ordres du général Bard jusqu'au vingt sept ventôse où nous avons quitté, nous avons remarqué dans le citoyen Bard une conduite réellement patriotique,

« Que dans tous ses discours faits à la Société populaire de Luçon il a développé une énergie et un patriotisme constants.

« Nous déclarons aussi que *dans plusieurs occasions il a pris le parti du soldat opprimé; qu'il était juste et sévère.*

« En foi de quoi nous avons opposé le cachet du Conseil d'administration.

« A Niort, le 9 germinal, deuxième année républicaine. »

(Suivent les signatures du capitaine, des lieutenants, des sous-officiers et d'un certain nombre de canonniers.)

Voici maintenant une délibération, en bonne et due forme, prise, à Luçon, par un corps d'élite :

« Copie des délibérations prises dans le Conseil d'administration de la Gendarmerie Nationale de Luçon, du 7 germinal an 2 de la République françoise une et indivisible.

« Liberté   Egalité   ou la Mort.

« Le conseil d'administration établi à Luçon ayant été convoqué extraordinairement par le citoyen Léonard Millet, qui a pris une de ses chambres dans sa maison pour présider aux délibérations dont il va être question, chaque membre ayant pris place autour du bureau,

« Le citoyen Millet, président, a pris la parole et a dit :

« Citoyens, je vous ai convoqués pour délibérer dans votre sagesse sur la circonstance dont je vais vous entretenir. Le citoyen général Bard vient d'être suspendu de ses fonctions de général. J'ignore quels sont les motifs puissants et si subits de ce contre tems. Il est de mon devoir, en vray républicain, de manifester mon opinion. La voicy :

10

« Depuis que le citoyen général Bard a commandé la division de Luçon, je n'ai reconnu en lui qu'un patriotisme pur, qu'un vray républicain, qui a toujours commandé sa troupe avec cette fermeté qui caractérise l'homme juste. Il s'est montré avec courage dans les différentes affaires que nous avons eues avec les brigands révoltés de la Vendée. Les blessures qu'il en a reçues sont un garant de sa valeur. Il mérite à mon avis qu'on lui délivre une attestation de son patriotisme. Quant à moi j'y suis disposé, et je croirai avoir rendu justice à un vray sans-culotte.

« L'assemblée applaudi.

« Ensuite le citoyen Poignet a pris la parole, et a dit que le citoyen général Bard avoit toujours bien mérité l'estime de son armée, et que sans difficulté son opinion étoit de lui délivrer une attestation de la bravoure qu'il lui a toujours connue.

« Ensuite le citoyen Haudville, brigadier du département des Basses-Pyrénées, a parlé et a dit : que le citoyen général Bard méritoit à tous ses égards cette attestation, et qu'il ne l'avoit jamais connu autrement que pour un bon républicain et un brave général.

« Ensuite les citoyens Guillaume Samaran et Raymond Teulat, ainsi que les citoyens Jean Montreux et Pierre Piperon ont manifesté leurs vœux dans le même sens.

« Enfin le citoyen Millet a pris la parole et a dit : Il paroit que tous les membres qui composent notre conseil sont à l'unanimité d'accord pour délivrer au général Bard une attestation de son vray patriotisme. Je vois avec satisfaction l'équité de nos délibérations. Je demande au conseil que préalablement il soit donné copie de notre délibération au citoyen Bard, et, après avoir recueilli les voix, chaque membre y a consenti, et ont signé tant à l'original que la présente copie.

« Fait et arrêté en conseil d'administration, le sept germinal an 2 de la République françoise une et indivisible. »

Suit le texte de l'arrêté :

« Liberté   Egalité   ou à la Mort.

« Le Conseil d'administration de la Gendarmerie Nationale à la résidence de Luçon, composé de... etc.

« Vu la délibération prise par ledit conseil à l'effet de délivrer une attestation de civisme au citoyen général Bard.

« Les citoyens composant l'assemblée, d'une voix unanime, ont manifesté le désir de rendre témoignage au citoyen général Bard de toute l'estime qu'ils ont toujours eue pour lui. Ils n'ont eu qu'à se louer d'avoir servi sous ses ordres, et n'ont jamais rien reconnu en lui qui pût être contraire à la République. Au contraire ils n'ont qu'à se louer de sa bravoure et de la fermeté qu'il a montrée pour le soutien de la patrie.

« Prions tous ceux à qui la présente attestation sera présentée d'y ajouter foi, et les membres ont signé tant sur la délibération du conseil que sur la présente copie, et y avons apposé notre cachet ordinaire.

« Fait en conseil d'administration, le sept germinal an 2 de la République françoise une et indivisible (suivent les signatures).

« Vu et certifié par nous, chef de brigade, inspecteur de la 7e inspection de la Gendarmerie Nationale, à Niort, ce 9 germinal, an deuxième de la République françoise une et indivisible. »   (suit la signature.)

Les troupes de la Gendarmerie Nationale stationnées à Niort se prononçaient nettement sur la suspension du général, et ne paraissaient guère préoccupées de mesurer l'expression de leur opinion.

« Niort, le 10 germinal, an deuxième de la République une et indivisible.

« Liberté, Egalité, Fraternité ou la Mort.

« Les officiers, sous-officiers et gendarmes de la division de Luçon au républicain Bard.

« Les officiers, sous-officiers et gendarmes qui ont servi et combattu sous tes ordres, qui tant de fois ont été témoins de ta bravoure dans les circonstances les plus périlleuses, de ton zèle actif et surveillant dans le maintien du bon ordre et de la discipline militaire, ne voyent dans ta suspension qu'un triomphe pour toi, puisque, en rendant hommage à tes vertus civiles et guerrières, tous les citoyens et soldats qui t'ont connu te témoignent toute la peine et la douleur qu'ils en ressentent. L'intrigue a pu t'ôter un moment le généralat, mais elle ne pourra jamais t'ôter les qualités d'un intrépide soldat dont le sang a coulé par trois blessures. Elles sont encore ouvertes, ces blessures. Montre-les aux intrigans et à tes persécuteurs ; ils sont ceux de la république sans contredit, puisqu'ils veulent rendre nuls les efforts et les talens d'un de ses plus chauds défenseurs.

« Salut et fraternité.

« Laborie, chef de brigade ; Saulnier, lieutt col. ; Bonaffre, capitaine du 4e escadron ; Villedon, lieut. ; Bessot, lieutenant, » et un certain nombre d'autres signatures.

Enfin, un bataillon des Deux-Sèvres, anticipant sur les événements, voyait déjà le général Bard rendu à son commandement après avoir confondu les calomniateurs.

« Luçon, le 14 germinal, l'an deuxième.

« Citoyen, ami et frère,

« Entièrement convaincus qu'en toi règne le patriotisme le plus épuré, c'est avec la douleur la plus vive que nous avons appris ta suspension. Sois persuadé que tôt ou tard la perfidie et l'intrigue de ceux qui en sont les auteurs seront découvertes, et que tu reviendras encore une fois, à l'abri des efforts de tes ennemis, nous conduire dans le sentier de l'honneur, et nous guider pour la destruction totale des brigands vendéistes. C'est le désir de ceux qui ne cessent d'être avec fraternité.

« tes concitoyens. »

(Suivent les signatures des membres du Conseil d'administration du bataillon de Niort.)

A cette affluence d'attestations courageuses, pour la défense d'un chef en disgrâce, son successeur lui-même ajoutait de son côté un témoignage d'autant plus éloquent qu'il était involontaire, et même malintentionné.

Voici ce que Huché écrivait, le 30 mars, à Turreau :

« Je te préviens, général, que j'ai, en exécution de tes ordres, fait partir des détachements pour incendier les communes dont tu m'as donné le bornement... J'ai fait fusiller trois particuliers qui ont servi dans les brigands, et la société populaire de Luçon m'a dénoncé comme un Néron, et aussi parce que j'ai dit au président qui paraissait blâmer cette manière d'agir que je le ferais fusiller lui-même avec son comité, s'il favorisait de tels scélérats... Je suis accablé de pétitions, de réclamations ; je marche toujours et je m'appuie de tes ordres. Mon règne semble dur, et *autant le général Bard est aimé et considéré, autant je suis détesté.* Vive la république ! Je m'en f...; je travaille pour elle, et n'ai qu'elle en vue, et spécialement elle.

« P.-S. Le général Bard a des chevaux, fais-moi avoir une autorisation pour deux dont j'ai besoin pour le service.

« La société populaire s'est déclarée en permanence tant que je serai ici.

« L'adjudant-général Thouron te donne de la défaveur à la Rochelle. *Il dit que tu n'es pas aussi brave que Bard, qui ne s'est pas attaché à faire la guerre aux maisons, mais aux hommes.* Tu auras preuve de cela (1). »

---

1. Savary, t. III, p. 334 et 360. — Thouron écrivit, le 3 avril, au général en chef : « J'ai appris indirectement, général, qu'on me « prête le propos que *vous faites brûler tout dans la Vendée parce* « *que vous y trouvez votre profit.* Je ne suis ni assez dépourvu de « bon sens, ni assez bête pour tenir un pareil propos, et je défie qui « que ce soit de le prouver. »

Huché avait été quelque peu désappointé par la façon dont Bard lui avait transmis le commandement. Il s'en plaignit, mais sans succès, par une lettre adressée, le 8 germinal, « au républicain Lequinio, « représentant du peuple près les armées de l'Ouest « à la Rochelle (1). »

« Je te préviens, citoyen, que, par ordre du général en chef, je commande à Luçon, par la suspension effective du général Bard, parti aujourd'hui pour Nantes rendre compte des motifs de sa suspension... Le général Bard ne m'a pas remis l'autorisation d'établir une commission militaire, malgré que je lui en aie fait la demande, et que cette autorisation fasse partie du commandement qu'il a quitté (2). Je ne voudrais pas d'autre commission que celle prise à mon choix dans les révolutionnaires républicains que je connaîtrais. En attendant j'agis militairement et fais fusiller le moindre partisan du brigandage. D'après que je l'interroge, le moindre

1 Archives nationales, W. 22, pièce 257.

2. Chassin reproduit à ce sujet la déposition du commandant de place Ceyras qui se trouve aux Archives Nationales (W. 22). Huché, se faisant accompagner de Cortez, était allé chez Bard lui notifier l'arrêté des représentants du peuple qui l'appelait à Nantes pour rendre compte de sa conduite. « Tandis qu'ils étaient chez lui, Bard, « raconte Ceyras, reçut des représentants du peuple (qui étaient à « Rochefort) une autorisation pour organiser une commission mili- « taire à Luçon. Huché la demanda, ainsi que tous les autres papiers « et les correspondances relatives au commandement de la division. « Mais Bard le renvoya au lendemain et finit par ne pas la lui remettre. » Cette autorisation, ajoute Chassin, était personnelle à Bard et lui avait été donnée par des représentants qui, sur les moyens de terminer la guerre de la Vendée, professaient un avis contraire à celui de leurs collègues près de Turreau. — Il ne murmura point contre le refus de sa démission et se rendit à Nantes, à petites journées, ses blessures encore ouvertes l'empêchant d'aller plus vite. S'il l'eût voulu, les troupes dont il était estimé et aimé auraient refusé de reconnaître son successeur tout à fait antipathique. » (Chassin, t. IV, p. 385 et 386).

aveu, ne fût-il que d'un quart d'heure, je l'envoie *in terrà*. Je fais partir aujourd'hui quatre bons bougres pour faire faire l'évacuation et transport des grains et fourrages des paroisses que je fais incendier. »

Bard n'avait pas voulu remettre à un tel successeur les pouvoirs extraordinaires dont il était personnellement investi, et qui auraient pu devenir un instrument terrible entre les mains d'un homme violent et sanguinaire (1). Il avait agi prudemment et donné ainsi une dernière preuve d'humanité en quittant ses fonctions. Sa conduite reçut l'approbation générale. Les représentants Guezno et Topsent, auxquels Huché renouvela sa demande, répondirent, le 12 germinal, par un refus (2), et nous verrons par la suite jusqu'à quel point le nouveau commandant de Luçon s'attira l'hostilité de la population et de l'armée.

Bard s'était rendu à Nantes. Aussitôt arrivé, il y

1. L'existence d'un tribunal pouvait être une protection relative pour les citoyens, en leur évitant les exécutions sommaires des soldats. Ainsi Huché fit un certain nombre de victimes dont on ne lui demanda pas compte, mais un des principaux griefs relevés plus tard contre lui fut d'avoir fait mettre à mort, comme coupable de complicité avec les rebelles, le médecin Bardon précédemment acquitté de ce chef par la commission militaire de Fontenay. Seulement il fallait que la composition des commissions offrit quelques garanties, et tout dépendait de ceux qui en choisissaient les membres. Elles étaient en général organisées avec le concours des sociétés populaires, et la Société populaire de Luçon ne se serait certainement pas prêtée à des excès de répression, sa conduite ultérieure le fit bientôt voir. Mais Huché ne voulait pas d'autre commission que celle « prise à son choix ». On devine quels choix il aurait faits. C'était lui donner le moyen de se livrer aux pires violences, en l'affranchissant même de toute apparence de responsabilité personnelle.

2. Chassin, t. IV, p. 417.

expose et justifie sa conduite. Sa suspension n'en est pas moins confirmée (1).

Toutefois le 20 germinal (9 avril) les représentants du peuple Prieur de la Marne et Garrau, vu le certificat médical attestant que Bard a besoin, pour se rétablir de ses blessures, de faire usage des eaux minérales, arrêtent que « nonobstant sa suspension « provisoire, le citoyen Bard pourra aller prendre les « eaux minérales à Bellevue-les-Bains ou dans tout « autre lieu où elles seront jugées le plus propres à « sa santé (2). »

Cette indulgence relative, et qui ne devait pas durer, s'explique soit par l'état des négociations poursuivies par les patriotes de la Vendée, soit par le caractère des représentants alors en mission à Nantes, et surtout de Prieur de la Marne, qui dominait son collègue Garrau. Prieur de la Marne, révolutionnaire enthousiaste, souvent entraîné par sa parole ardente, se laissait facilement ramener par sa générosité naturelle. Devant Angers, le 3 décembre, il s'était plaint de Kleber, et parlait de le traduire au tribunal révolutionnaire. Kleber arrive, il s'explique. « Allons, Kleber, allons, s'écrie Prieur en lui tendant la main, marchons, et vive la République! »

A la date du 9 avril, les représentants étaient vraisemblablement au courant des démarches faites auprès du Comité de Salut public. Les patriotes vendéens avaient délégué, pour porter une adresse à la

1. Lettre du général en chef Turreau au ministre de la guerre, en date du 5 avril, où il parle du général Bard, qu'il avait, dit-il, suspendu provisoirement, « et qui a été destitué par les représentants « du peuple. »

2. Papiers du général Bard.

Convention nationale, les citoyens Tillier et Chapelain. C'était ce dernier qui avait déjà saisi les représentants Topsent et Guezno des excès commis du côté de la Châtaigneraie et des Epesses. Chapelain et Tillier étaient partis pour Paris le 24 mars, c'est-à-dire le jour même où Turreau allait charger Huché de remplacer Bard.

Arrivés à Paris, les deux délégués s'assurèrent le concours de Maignen, Garos, Musset, Fayau et Bellegarde, représentants de la région, et de Laignelot et Lequinio qui la connaissaient pour y être allés en mission. Lequinio venait de terminer son enquête ; elle était écrasante pour Turreau et pour quelques-uns de ses subordonnés.

« Le représentant du peuple Lequinio est arrivé hier soir, 11 germinal (31 mars), écrivaient Tillier et Chapelain à leurs commettants. Nous avons eu hier audience au Comité de Salut public. On nous a accueillis fraternellement. Lequinio y a lu un mémoire très lumineux sur les causes de la guerre de la Vendée... Nous pouvons vous assurer que les vues du Comité de Salut public sont humaines et pacifiques. On nous a dit, par l'organe de Carnot, que le Comité sans cesse en butte aux rapports diamétralement opposés, n'avait jamais pu savoir le juste état de cette guerre, mais que, frappé des vérités énoncées dans le mémoire de Lequinio, vérités qu'il avait senties depuis longtemps, on prendrait enfin un parti décisif (1). »

En présence du résultat négatif, ou pour mieux dire, des conséquences désastreuses du plan suivi depuis le 18 janvier, le gouvernement n'était donc pas éloigné de condamner la coupable expérience dont il avait laissé Turreau prendre la responsabilité. Dès

____

1. Benjamin Fillon, *Recherches sur Fontenay*, t. I, p. 459 et s.

lors, la désobéissance de Bard, formellement dénoncée par le général en chef dans la dépêche adressée par lui, le 5 avril, au ministre de la guerre (1), ne présentait plus le caractère que Turreau prétendait lui attribuer.

Un grave incident, dont il y a, croyons-nous, peu d'exemples dans l'histoire de la Révolution, vint compliquer la situation et, par contre-coup, compromettre davantage le général Bard, quoiqu'il y fût personnellement étranger.

L'extrême impopularité de Huché à Luçon provenait, en grande partie, de la tâche dont il était chargé; elle était augmentée encore par la façon dont il s'en acquittait. Sans insister sur le caractère de ce général, nous constatons seulement que, parmi les exécuteurs des ordres de Turreau, s'il y en eut deux ou trois contre la cruauté desquels une réprobation unanime s'éleva de toute la Vendée, Huché y figure au premier rang. Ses antécédents annonçaient depuis longtemps ce dont il était capable. C'est en connaissance de cause que le général en chef lui avait confié un rôle dans les colonnes incendiaires, et c'est après avoir vu comment il s'y comportait qu'il l'envoya terroriser Luçon. Quant à la valeur militaire de Huché, elle était certainement fort médiocre au dire même de Turreau et des représentants Hentz et Francastel (2).

1. V. Savary, t. III, p. 366. — Le même jour Turreau avait écrit au général Huché: « Tu sais comme moi, que le général Bard, ton prédécesseur, n'a exécuté aucun des ordres que j'ai donnés pour ôter toutes ressources à nos ennemis. » Arch. nat. (W. 22) et Chassin, t. IV, p. 418.

2. V. ci-après lettre de Turreau au ministre en date du 12 avril 1794. — Hentz et Francastel, qui soutinrent Huché aussi longtemps qu'ils

Le nouveau commandant de Luçon se sentait dépourvu de toute autorité morale. Dès les premiers jours de son commandement il déclare aux commissaires de la Société populaire de Fontenay « qu'on l'a « nommé parce qu'il fallait un homme ferme et vi- « goureux à la place de Bard, qui n'annonçait pas un « caractère assez prononcé, quoiqu'il eût d'ailleurs des « qualités auxquelles il rendait justice ; qu'il est le « Néron du pays, et que Bard en était l'idole ; » et il ajoute « qu'il se (moque) des sociétés populaires », propos qu'il a la prudence de rectifier aussitôt.

A la Société populaire de Luçon il adresse, le 2 avril, une étrange proclamation :

« Luçon, le 13 germinal, l'an deuxième de la République une et indivisible.

« Le général Huché, commandant à Luçon, à la Société dite populaire de Luçon.

« Ordinairement les sociétaires vraiment républicains se donnent à respecter par leurs discours, et non par les sarcasmes, les impertinences ; ceux de Luçon (en partie cependant) sont dans ce dernier cas, et surtout vis-à-vis de moi qui suis sociétaire.

« Toute société a des droits à la surveillance, mais cette surveillance ne doit jamais tendre à affaiblir les autorités militaires que j'exerce, impitoyablement, sévèrement, mais avec justice, dans cette place où les factieux, les malveillans prétendent primer...

Depuis quand une société empiétera-t-elle (surtout dans la

purent, écrivaient plus tard, dans le Rapport qu'ils firent à la Convention, en vendémiaire an III, pour se disculper eux-mêmes : « Nous « ne prenons pas le parti d'Huchet, qui ne nous a jamais paru qu'un « ignorant, dont la bravoure même, mal entendue, pouvait compro- « mettre la chose publique ; nous avons désapprouvé le général en « chef de lui avoir donné un commandement. »

Vendée) sur les pouvoirs militaires, surtout à Luçon, qui, sans les habitans de la plaine, seroit la première à lâcher, si les brigands s'en fussent rendus ou s'en rendoient maîtres.

Je commande ici avec le caractère d'un républicain, d'un loyal sans-culotte. Ni les motions, ni les partis, ni les menaces et leurs effets ne me feront changer, ni craindre. Il est préjudiciable sans doute à la Société, par rapport à ses prétentions, de ne plus voir un général complaisant, mais qu'y faire ? C'est un malheur pour elle; *elle s'en consolera en regrettant mon prédécesseur, peut-être victime (par sa faute) de ce trop de complaisance...*

Salut et fraternité.

Signé à l'original.

Pour copie conforme, Huché (1). »

Cette communication n'ayant sans doute pas produit l'effet qu'il en attendait, Huché se décida à frapper la Société populaire. Il prit, le 14 germinal (3 avril), un ordre ainsi conçu : « Vu l'esprit de parti qui règne
« dans la Société prétendue populaire de la commune
« de Luçon... déclarons suspendre et défendre les te-
« nues et séances de cette société, laquelle ne pourra
« avoir lieu que par ordre des représentants du peu-
« ple dans la Vendée, que nous informons de cette
« mesure, ainsi que le Comité de Salut public. »

C'était là, de la part d'un soldat, un acte peut-être plus grave que des voies de fait contre les personnes ou les propriétés. La Révolution n'admettait pas volontiers, même en temps de guerre, l'immixtion du militaire dans le civil, ni, à plus forte raison, sa prépondérance. Les représentants de la Convention aux armées étaient la manifestation vivante de la supériorité du pouvoir civil. En outre, pour l'impulsion à

_____

1. Lequinio, ouvrage déjà cité, p. 141 et s.

donner aux populations, les sociétés républicaines, constituées par les citoyens les plus actifs et les plus dévoués, étaient le point d'appui indispensable du gouvernement, qui ne pouvait compter au même degré sur les autorités locales. Fermer les sociétés populaires, c'était supprimer le rouage essentiel de l'action révolutionnaire. Aussi Huché annonçait-il prudemment que le dernier mot appartiendrait aux représentants et au Comité de Salut public.

En même temps il écrivait à ceux-ci : « Le général « Bard m'a fait infiniment tort, et quand la rigueur « succède à la douceur, elle n'est pas aisée à sup— « porter. Le général Bard est suspendu pour son trop « de ménagement, serai-je puni pour trop de ri— « gueur (1)? »

Les républicains de Luçon se chargèrent de la réponse, et résolurent d'apprendre à Huché que, bien que commandant la force armée, il n'était pas omnipotent et invulnérable.

Dès le lendemain, 15 germinal (4 avril), le conseil général de la commune de Luçon prévient le district de Fontenay « que le général Huché s'est emparé de « toutes les forces militaires, et qu'il a défendu à la « gendarmerie nationale d'exécuter aucun ordre ou « mandat soit de la municipalité, soit du juge de paix « ou autre autorité civile constituée. Enfin il réunit « ici tous les pouvoirs, et paralyse tous les moyens « qu'avaient les autorités constituées pour se faire « obéir. » — Le soir du même jour, deux membres de la Société populaire de Luçon se présentent à la Société populaire de Fontenay pour y dénoncer « l'acte

____

1. Archives nationales, W. 22, p. 257.

« arbitraire du général Huché comme attentatoire à
« la liberté publique, violant les droits sacrés que le
« contrat social accorde au peuple de s'assembler pai-
« siblement et sans armes pour délibérer sur ses in-
« térêts politiques. » — Sur quoi le Comité de Surveillance et révolutionnaire de Fontenay saisit les
comités de toute la région : « Frères et amis, un
« voile sombre et funèbre se répand sur la partie saine
« et fidèle de la Vendée... Les ordres barbares du
« scélérat Huché, général à Luçon, sont les attentats
« les plus formels à la chose publique... etc. » —
Trois jours se passent; les accusations contre Huché
se multiplient; le 19 germinal (8 avril); « le conseil
« général de la commune de Luçon, assemblé extraor-
« dinairement au lieu de ses séances... arrête que le
« Comité de surveillance de cette commune sera in-
« vité, au nom du salut public, en danger par la tra-
« hison qui nous menace, de mettre en état d'arresta-
« tion le général Huché et de le faire conduire par la
« force armée devant le tribunal révolutionnaire de
« Rochefort. » — Enfin, le 20 germinal (9 avril), le
Comité de Surveillance de Luçon, passant outre à
l'hésitation du directoire de district, son supérieur
hiérarchique, décerne contre Huché un mandat d'arrêt
« de l'exécution duquel l'adjudant général Cortez sera
« chargé sur sa responsabilité, pour ledit Huché, à
« nous amené, être transféré au tribunal de Roche-
« fort, dans le ressort duquel se trouve notre cité (1). »
La mission audacieuse donnée à Cortez ne le prenait pas au dépourvu. Depuis plusieurs jours déjà on
avait envisagé cette éventualité. L'arrestation du gé-

---

1. Chassin, t. IV, p. 432 et s., donne le texte de ces divers documents.

néral eut lieu sans difficulté. Huché fut accompagné à la maison d'arrêt par les clameurs hostiles de la population qui demandait sa tête. L'armée n'était pas moins satisfaite. L'agent national de Luçon écrivait, le lendemain, à l'agent national du district de Fontenay :

« Je vais te faire part de la joie qu'a montrée la troupe au moment de l'arrestation de Huché ; ce n'était que cris de : « Vive la République ! Vive la Nation ! » et je t'assure que si Huché vit, il en a obligation à la Municipalité et à la Société populaire, qui s'est rassemblée au moment où Huché était sans pouvoir... La joie règne ici, tous les visages sont changés (1). »

Huché fut conduit à Rochefort sous une escorte de trente cavaliers. Les représentants du peuple Guezno et Topsent ordonnèrent, par arrêté du 23 germinal, qu'il serait détenu jusqu'à ce que le Comité de Salut public eût transmis des ordres sur la suite à donner à l'accusation. Pendant ce temps son aide de camp, Goy de la Martinière, accusé de pillage et de viol, avait été traduit (22 germinal) devant la commission militaire de Fontenay, condamné à mort et exécuté dans la journée.

Le jour même de l'arrestation de Huché, le Comité de Surveillance et révolutionnaire de Luçon en avisa le général en chef par la dépêche suivante :

« Nous te prévenons que nous venons de faire arrêter Huché, général de brigade, que tu avais envoyé dans nos murs pour y commander la force armée. Ce coup, hardi peut-être, nous a été inspiré par le salut de la chose publique, que nous avons cru en danger, déposé dans de pareilles mains. Nous rem-

____
1. Chassin, t. IV, p. 437.

plissons notre devoir; remplis maintenant le tien en pourvoyant à son remplacement. Les mesures que nous avons prises conduisent Huché à un jugement prompt et terrible (1). »

Sur ce dernier point le Comité s'abusait, car Huché ne passa pas même en jugement.

De son côté l'adjudant-général Cortez écrivit à Turreau :

« Je te préviens que le général Huché vient d'être arrêté par ordre du Comité de surveillance et révolutionnaire. Il m'a remis le commandement de cette brigade comme étant le plus ancien et le plus élevé en grade des officiers.

« L'adjudant général Guillaume était à Luçon pour se concerter avec Huché sur des opérations militaires; il a été témoin de l'arrestation de Huché; il a même paraphé toute sa correspondance.

« Tu donneras actuellement les ordres que tu jugeras à propos. Je t'instruirai de mes opérations, jusqu'à ce que tu aies pourvu au commandement de cette division (2). »

Trois jours plus tard le général en chef, rendant compte de la situation militaire au ministre de la guerre, par un rapport daté de Montaigu, 23 germinal an II (12 avril), portait à la connaissance du gouvernement les faits qu'on vient de relater. Il s'exprimait en termes cauteleux sur le fond même de l'affaire, ne sachant pas comment elle pourrait tourner, mais se livrait à des insinuations perfides relativement à Bard, dont il signalait non plus seulement la désobéissance, mais le modérantisme poli-

1. Savary, t. III, p. 386.
2. Ibid.

tique. Turreau avait débuté dans l'exercice de son commandement par des dénonciations réitérées contre Marceau, que les circonstances avaient heureusement mis hors de ses atteintes. Il s'était acharné sur Westermann, dont l'héroïque bravoure et les services éclatants rachetaient si hautement les défauts et, trois mois après avoir quitté la Vendée, Westermann finissait par succomber non sous des accusations d'ordre militaire, mais sous cette inculpation de modérantisme mille fois plus dangereuse que toute autre à ce moment. Une semaine s'était écoulée depuis que le général Westermann avait été, pour cause de « modérantisme », guillotiné avec Danton, Camille Desmoulins et Philippeaux, lorsque le général en chef de l'armée de l'Ouest écrivait ce qui suit :

« Revenons à la situation politique de la Vendée. Toute la partie du sud (1) est gangrenée d'aristocratie. J'en acquiers à l'instant une nouvelle preuve dans l'arrestation inouïe du général de brigade Huché, à qui j'avais confié le commandement de Luçon et postes environnans, à la place du général Bard, que je suspendais provisoirement, suivant la permission que tu m'en as donnée et sauf à rendre compte de mes motifs, tandis que les représentants du peuple près cette armée le destituaient.

« Sans doute *le modérantisme de Bard convenait à Luçon*, et cette ville s'est révoltée contre les principes sévères de Huché, qui n'est pas un grand militaire, mais que je crois un républicain pur. Un des torts qu'on lui impute est d'avoir fait fusiller un homme convaincu d'avoir porté les armes contre la république, etc. Tel est l'esprit de Luçon et des villes qui environnent la Vendée. Au surplus je n'oserais pas

1. Savary a imprimé « du nord », par un lapsus évident. Le texte ci-dessus est d'ailleurs collationné sur l'original même des Archives de la Guerre.

me prononcer sur la légalité ou l'illégalité de cette arrestation, n'étant pas suffisamment instruit de cette affaire; tu le
seras exactement de ses suites. »

Le général en chef craignait de se prononcer;
Hentz et Francastel, étant représentants du peuple,
n'avaient pas les mêmes raisons de se réserver. Ils
étaient récemment arrivés à l'armée de l'Ouest.
C'étaient, au dire de Vial (d'Angers), lequel fut pourtant lui-même un véritable énergumène, « les plus
grands terroristes qui aient jamais existé sur la sur-
face de la République (1). »

Hentz et Francastel se saisissent de Bard qui, sorti
de la Vendée depuis une quinzaine de jours, était
étranger à toute cette affaire, et se disposait à se
rendre en Bourgogne pour s'y soigner. Ils le font
jeter en prison le 26 germinal (15 avril). Le même
jour ils accourent à Fontenay, accablent de menaces
les différentes administrations, destituent le maire
Testard, désorganisent la Société populaire, dénoncent à la Convention nationale ce qu'ils appelaient le
crime des modérés, puis se transportent à Luçon,
mettent la ville en état de siège avec défense aux
troupes du camp de communiquer avec la ville, fer-
ment la Société populaire, font arrêter les membres
du Comité de Surveillance et l'adjudant général
Cortez, et ordonnent qu'ils seront tous transférés à
Paris (2), ainsi que le général Huché alors à Rochefort.

1. Vial, Causes de la Guerre de la Vendée, in-8º, Angers, an III. —
Il y joint Bourbotte et Carrier.

2. Parenteau, Moreau, Baudouin, Martin, Maury, Marie et Mocquay,
membres du Comité de surveillance, furent acquittés le 2 fructidor
an II (19 août 1794). **V.** Benjamin Fillon.

Tous ces incidents sont relatés par Savary, qui donne le texte des arrêtés relatifs à Luçon (1). Nous en trouvons également l'indication, sous une forme volontairement discrète dans la lettre suivante de l'ex-adjoint à l'état-major Périot.

« Liberté, Egalité, Fraternité.

Fontenay-le-Peuple, le 1er floréal l'an deuxième de la République françoise une et indivisible.

« Périot, premier conducteur des travaux publics de la division de Fontenay, au général Bard.

« C'est avec la plus grande surprise et le plus vif regret, citoyen général, que tous les vrais républicains ont appris ton arrestation tendant à ce que tu sois traduit à la commission militaire d'Angers. Tu devois t'attendre à une dénonciation de la part de quelques-uns par l'exacte surveillance que tu exerçois journellement contre eux pour leur faire faire leur devoir; je dois en parler savamment, puisque j'en ai été témoin plus d'une fois lorsque j'étois employé à l'armée de Luçon.

« Tous ceux qui te connaissent pensent que la position où tu te trouves ne peut être de longue durée et que tu seras absous de leur inculpation, si tu ne l'es déjà, par la conduite républicaine que tu as tenue dans notre pays. — Je ne sais si tu as été instruit que Luçon est en état de siège, que le comité de surveillance ainsi que Cortez sont conduits à Paris pour être traduits au tribunal révolutionaire, relativement au général Huchet, qui est actuellement à Rochefort, et qui va être aussi conduit à Paris. — Guillaume est général de brigade, commandant la division de Luçon.

« Nos autorités constituées d'ici n'ont éprouvé aucun changement. Il n'en est pas de même de celles de Luçon. — Notre société populaire a été épurée par ordre des représentants,

1. Savary, t. III, p. 412 et s.

ce qui en a un peu diminué le nombre, j'en suis toujours, et, de plus, membre de son comité de surveillance.

« Ton épouse est passée ici avec la citoyenne Joba, pour aller à Parthenay, et de là te rejoindre. Nous présumons tous que, lorsqu'elle sera arrivée auprès de toi, tu seras libre d'aller chez toi pour finir de te guérir, et de là partir, suivant tes vues, pour aider à terrasser les esclaves des couronnes coalisées ; ainsi soit, vive la République.

« L'ingénieur de cette division vient d'être suspendu de ses fonctions, je le remplace provisoirement, ce qui multiplie mes occupations.

« Donne-nous à tous de tes nouvelles et souvent. Mon épouse, ainsi que mes beaux-frères et autres amis, te disent bien des amitiés en t'embrassant. Si ton épouse est auprès de toi, je t'engage à lui témoigner, pour nous, les mêmes sentiments en lui disant que mon épouse a arrangé ses effets suivant ses désirs. Portez-vous bien tous les deux et nous donnez de vos nouvelles.

« Salut et fraternité
Périot.

« P.-S. Chocard, qui a été adjoint dans ton armée, doit être à l'état major d'Angers. »

Périot s'illusionnait, s'il pensait réellement que les événements de Luçon n'auraient pas leur contre-coup sur la situation de Bard, qui de général suspendu était passé si rapidement à l'état d'accusé.

Dans un rapport du 2 floréal (21 avril), les représentants Garrau, Hentz et Francastel, avec une ignorance complète des véritables sentiments de la Vendée patriote, exposèrent que la plupart des « gens riches », des propriétaires, ayant des relations de famille ou d'intérêt à l'intérieur de la Vendée, « ces égoïstes » les préféraient à la république. « Voilà pourquoi, disaient-ils, les brigands ont tant de patrons à Niort, Fontenay et dans l'exécrable Luçon. »

« Remarquez, ajoutaient-ils, que trois généraux étaient prônés par les brigands riverains ; ce sont Bard, *que nous envoyons à la commission militaire*, dénoncé pour avoir donné des munitions aux brigands et acoquiné avec tous les riches du pays ; Duval, marié dans le pays ; à Niort, Joba, créature de Westermann, et qui se mariait aux riches de Niort ; et Cortez, de Luçon, ou du moins dont la mère est de là, et qui devait se marier avec une fille de Luçon au moment de son arrestation.

« Remarquez au contraire les généraux que ces scélérats calomnient ; ce sont Turreau, Grignon, Cordellier, Huché... et tous ceux qui tuent impitoyablement les brigands...

« Tous les pétitionnaires qui sont allés vers vous sont de vrais contre-révolutionnaires, tous détestés du peuple. Défiez-vous de la députation de la Vendée, elle tient au pays, et le pays est infâme... Cette détestable commission militaire de Fontenay, ce contre-révolutionnaire comité de Luçon ont fait triompher les aristocrates. Cortez, ce jeune homme qui avait trompé nos collègues Lequinio et Laignelot, dont il nous menace, est un scélérat qui avait dirigé l'intrigue qui égorgeait deux généraux ennemis des brigands.

« Ne jugez rien sur l'affaire des généraux et du comité que nous vous envoyons avant l'arrivée de l'un de nous ; vous verrez la scélératesse la plus noire. Enfin tout ce qui vous dénonce les généraux et les mesures est Westermann (1). »

L'incarcération de Bard était maintenue, il était renvoyé en jugement, et afin de renforcer les accusations portées contre lui, on imaginait de le dénoncer pour avoir fourni des munitions aux insurgés.

Cette imputation, où le ridicule le disputait à l'odieux, était l'œuvre de Hentz. Bard la trouva si extraordinaire et si imprévue que, six mois plus tard,

1. Savary, t. III, p. 419 et s.

11.

rendu à la liberté, il voulut savoir comment elle avait pu être produite contre lui. Il s'était rencontré un malheureux « brigand » qui, soumis à un interrogatoire, avait déclaré un fait de ce genre, mais en l'imputant nommément à Huché. Cette déclaration était d'ailleurs très probablement mensongère de tous points. Hentz s'en empara pour la retourner contre Bard, en faisant donner par l'inculpé une indication de date aussi indigne de créance que le reste du récit.

Nous reproduisons à ce sujet, pour n'y plus revenir, la relation de l'interrogatoire du « brigand », telle qu'elle fut donnée par un témoin à un de ses amis, le « républicain Martineau au comité révolutionnaire du district de Fontenay le Peuple. »

« Luçon, le 8 frimaire, troisième année républicaine.

Baussay à son ami Martineau,

J'ai déjà fait passer au comité révolutionnaire de Fontenay la manière avec laquelle Hentz interrogea le brigand dont tu me parles ; ce ne fut point du tout en présence du comité révolutionnaire, mais en présence de ton frère, des Fayaux, Boutron et Durand.

Il y parut environ les six heures du soir. Hentz lui demanda pour toutes interrogations. As-tu connoissance que nos généraux aient eu quelque communication ou relation avec vos chefs ? Ouy. Quelle connoissance as-tu de cela ? Un appelé *Fruchet, Buchet* ou *Huchet* nous a fait passer des poudres et une lettre qui disoit que nous ne courrions aucuns risques d'entrer à Luçon, et que les habitans étoient tout disposés à nous recevoir par les mauvais traitements qu'il leur faisoit subir.

Tu es donc bien sûr qu'il vous a fait passer de la poudre, et que c'est *Huchet* ? Ouy, *Huchet*.

Combien y a-t-il ? Quatre ou cinq semaines. Hentz, se tournant vers nous, nous dit : Vous entendés bien, quatre ou cinq semaines. Ce n'est pas Huchet, c'est Bard. Et recommanda bien aux auditeurs de s'en rappeler, et renvoya le brigand sans autre éclaircissement.

C'est tout ce qui se passa devant moy, parce que je suivis le brigand.

Salut fraternel.   BAUSSAY. »

Il n'en fallait pas davantage à Hentz pour accuser de connivence avec les insurgés un général dont l'honneur n'avait jamais été effleuré du moindre soupcon, et qui portait encore ouvertes les blessures reçues en combattant ces mêmes insurgés. Ce conventionnel était enclin à la suspicion. Juge de paix dans son pays natal, à Sierck (Moselle), il s'était signalé en donnant la chasse aux émigrés qui traversaient la Lorraine. Envoyé en mission en Alsace, et « instruit que les prêtres exercent un empire révoltant, et inspirent le mépris de la *monnaie* républicaine », il arrête que « *tous les prêtres* du Haut et du Bas-Rhin et du Mont Terrible seront sur le champ mis en arrestation, enfermés à la citadelle de Besançon et traités comme suspects. » Francastel, d'opinions très exaltées, marcha entièrement d'accord avec lui au cours de leur mission en Vendée.

Fait curieux, et qui prouve combien les événements transforment les individus, si nous nous reportons à quelques années plus tard, à l'époque où un général victorieux s'est rendu maître de la France, ces deux impitoyables révolutionnaires sont devenus méconnaissables. Hentz exerce les fonctions éminemment pacifiques de directeur de l'enregistrement, et Francastel est agrestement préposé « aux jardins de la citoyenne Bonaparte (1). »

1. *Dictionnaire des Parlementaires français.*

Leur lettre du 2 floréal au Comité de Salut public fut suivie, quatre jours après (25 avril), d'un nouveau rapport non moins violent contre Bard et contre Duval et Cortez.

Après avoir mis le Comité en garde contre le témoignage du « bon Lequinio », qui « s'est laissé empaumer par les fédéralistes » et qui soutient que, si l'insurrection se prolonge, « ce sont les mesures vigoureuses que l'on a prises qui ont occasionné cet état », propos « qui est aussi celui des généraux Bard, Duval et Cortez », Hentz et Francastel continuaient ainsi (1) :

« Nous avons la preuve que Bard, Duval et Cortez, sont trois conspirateurs. C'est Cortez qui a mené toute l'intrigue relative à Huché, qu'il faudra que vous connaissiez en voyant les personnes mêmes. Ce petit coquin, après avoir révolté toute l'armée contre Huché par de faux rapports, a donné pour mot d'ordre le lendemain de l'arrestation de ce général supérieur : Huché à la guillotine. Cet homme a suivi l'exemple de Bard ; il a désobéi formellement aux ordres du général en chef... Duval et Bard n'ont jamais suivi les ordres qui leur étaient donnés par le général en chef, n'ont jamais correspondu avec nous, et n'ont cessé d'adresser toutes leurs demandes à Topsent et Guezno (2) ; cependant nous ne nous sommes montrés rien moins que partisans du général en chef. Duval a menti et ment certainement sur toutes les assertions relatives à la Vendée, dissémine les alarmes et les fausses nouvelles sur ce pays. C'est lui qui mitonnait les brigands et les mettait sous la toile (3), tandis qu'il laisse nos

1. Savary, t. III p. 432 et s.
2. C'était là leur crime. On ne leur pardonnait pas de faire connaître leur position dans la Vendée. (Note de Savary.)
3. Duval avait montré quelque sollicitude pour les enfants des rebelles, innocentes victimes de la guerre.

nos frères d'armes dans la boue. Enfin Bard a fait passer des cartouches aux brigands, ainsi qu'il vous sera démontré. Bard est un *fédéraliste* outré, qui n'a pas dissimulé dans le temps ses propos et ses liaisons avec les chefs fédéralistes ; enfin Bard, Cortez et Duval sont *westermantistes*, vantés par ceux qui mettent Westermann aux nues. Nous avons dénoué le nœud ; tous les riches du pays ont eu l'adresse de tromper le crédule Lequinio... Déjà tous les modérés se vantent que Lequinio et Laignelot vont être envoyés dans la Vendée. Ce serait un grand malheur, vous feriez tout rétrograder, etc. »

Malgré l'insistance de Hentz et Francastel, le Comité de Salut public ne pouvait avoir une confiance illimitée dans leurs appréciations, que tant d'autres témoignages venaient contredire. Carnot avait déclaré aux délégués vendéens que le Comité n'était pas à même de prendre un parti décisif. Une lettre du conventionnel Fayau, écrite le 27 germinal (16 avril) à un de ses amis des Sables (1), lui fait part de ses entretiens avec les membres du Comité qui, en présence des rapports en sens inverse qu'on leur fait, ne peuvent se former une opinion sur la guerre de la Vendée et procèdent à une nouvelle enquête.

Un fait toutefois restait constant, c'était l'insuccès complet du programme de Turreau. La dévastation par le fer et le feu n'avait servi à rien. La situation de la Vendée était beaucoup plus troublée et plus inquiétante qu'au moment où le général en chef avait commencé ses barbares opérations. Vainement Turreau essayait de rejeter sur Bard la responsabilité des événements (2), ils n'avaient fait que s'aggraver

1. Analysée et reproduite en partie par Etienne Charavay, dans *l'Inventaire des autographes de Benjamin Fillon.*
2. En sortant d'une séance de la Société populaire de Fontenay,

depuis la disparition de Bard. Le Comité de Salut public se décida à suspendre le général en chef de l'armée de l'Ouest. Seulement il engloba dans la même mesure des satellites de Turreau, signalés par leurs excès, et des amis de Bard dénoncés pour leur modération ; Duval et Joba furent frappés à leur tour. Par une même disposition de l'arrêté du 24 floréal (13 mai) « *Turreau, Cordellier, Robert, Duval, Bard,* « *Joba, Cortez et Carpentier* sont suspendus. » L'arrêté est signé au registre : CARNOT, B. BARRÈRE, COLLOT D'HERBOIS, BILLAUD-VARENNE, ROBESPIERRE, COUTHON, R. LINDET (1).

Le rappel tardif de Turreau laissait subsister les conséquences néfastes de son passage au commandement. Bard restait détenu ; il n'en pouvait être autrement après les attaques dont il avait été l'objet. Ce n'était pas vainement que le général, tout entier à ses devoirs de soldat, mais prétendant les concilier avec l'humanité, avait été traité de modérantiste, de westermantiste et de complice des insurgés. Il lui faudrait comparaître devant des juges, courir les risques des commissions militaires ou des tribunaux révolutionnaires, et payer peut-être de sa tête son dévouement patriotique à la Révolution.

où il venait de recevoir une dépêche, il s'écriait en jurant : « Sans « l'infidèle Bard, sans le scélérat Bard, qui n'a pas brûlé, égorgé, « incendié dans les communes où il s'est porté, comme je lui en « avais donné l'ordre, nous n'en serions pas là. » Ce propos était tenu dans les premiers jours de floréal (fin d'avril). Déposition du citoyen Henry Chevalier, chef de bureau au district de Fontenay-le-Peuple. Arch. nat. W. 22.

1. D'après l'extrait qui figure à sa date aux Archives historiques de la Guerre, armée de l'Ouest.

Nous trouvons dans ses papiers la lettre suivante de Périot à la citoyenne Bard. Elle complète celle du 1er floréal, et explique à quelle catégorie appartenaient les individus qui, gênés par « l'exacte surveillance » du général, s'étaient associés aux manœuvres dirigées contre lui.

« Liberté, Egalité, Fraternité.

« Fontenay le Peuple, le 1er prairial de l'an deuxième de la République françoise une et indivisible.

« Périot, premier conducteur des travaux publics de la division de Fontenay à la citoyenne Bard.

« Citoyenne,

« Aussitôt votre lettre reçue j'ai mis à la messagerie vos malles que j'ai adressées à votre parent Lambert, agent secondaire à Niort. Il nous reste ici plusieurs effets qui vous appartiennent ainsi qu'au docteur Laison, que j'enverrai à Lambert quand vous le désirerez. Je n'ai pu envoyer le paquet de Jean, la messagerie ayant fait des difficultés, vu qu'il est dans un sac et qu'il faut inventorier le tout en présence de la municipalité. Cette formalité devenant longue et l'heure du départ de la messagerie étant arrivée, j'ai remis cet envoy avec vos autres effets qui sont ici, mais, si je trouve une autre occasion, je vous l'enverrai en l'adressant à Niort comme les malles.

« Parlons actuellement de votre vertueux mari, à qui tout le pays d'ici s'intéresse toujours, et plus encore depuis la destitution de Turreau, général en chef de l'armée de l'Ouest, et de cinq à six généraux de sa clique qui étaient les ennemis de Bard. Ce n'est pas tout, et son dénonciateur Pruel, payeur de l'armée de Luçon, vient d'être condamné à vingt ans de fers pour avoir volé 62.000 livres à la République. Son jugement est cy-joint. Tous ces faits sont bien satisfaisants pour l'homme honnête, brave et vertueux comme le général Bard, qui languit dans les maisons d'arrêt de ne pouvoir servir son pays et en déjouer les ennemis (qu'il a hautement dénoncés au public au risque de sa tête), et que l'intrigue a fait écarter du poste d'honneur qu'il a si bien mérité et que les bons citoyens lui verront reprendre avec bien de la satisfaction. Je connois Bard, et je le connois assés pour croire que les souffrances que lui ont fait éprouver les ennemis du bien public, en le faisant renfermer et suspendre de ses fonctions par ordre de Turreau, qu'il oubliera tout avec joie si on le met, comme je n'en doute pas, à même de faire voir à la République qu'il est un républicain et non un traître.

« J'en dis assés pour vous prouver que je ne douté pas que votre première lettre m'apprenne qu'il est en liberté... Que le général Bard me donne de ses nouvelles et des détails sur ce qu'il a éprouvé. La Société populaire les entendra avec plaisir par l'intérêt qu'elle prend à ce qui le regarde. Réponse, s'il vous plaît, de suite sur votre voyage, que je désire, ainsi que mon épouse, que vous ayez fait en bonne santé. Mes beaux-frères vous assurent de l'hommage de leur respect. Mon épouse vous embrasse. On dit Joba mort à une affaire. Il était destitué, et il est mort sans savoir sa destitution. Je ne sais pas cela au juste (sa mort). Martineau doit vous écrire relativement à vos chevaux.

« Salut et fraternité. Périot. »

Nous n'avons pas beaucoup de renseignements sur la détention du général Bard, ni sur la procédure suivie contre lui. D'après certaines pièces officielles des Archives de la Guerre, Hentz et Francastel l'auraient fait emprisonner à Niort. Il est certain que c'est à Angers qu'il fut détenu dans les derniers mois. Les documents que nous avons reproduits précédemment le représentent comme traduit devant une commission militaire. D'après d'autres pièces, au contraire, c'est devant le tribunal révolutionnaire qu'il était poursuivi.

Nous manquons de détails à ce sujet. Le général

Bard n'a pas, à l'instar de tant de prisonniers, consigné ses souvenirs de captivité. Ce qui est certain, c'est que, au mois de juin, sa femme, revenue à Toulon-sur-Arroux, ne pouvait qu'à grand'peine s'assurer du lieu de sa détention. Privée de toute communication avec lui, et exposée à être elle-même, traitée en suspecte (1), elle faisait écrire par sa sœur, la ci-devant religieuse Cécile Belot, au ministère de la guerre.

« Bel air sur Arroux, ci-devant Toulon, ce 28 prairial, l'an deux de la République française.

« La citoyenne Belot à la Commission de l'organisation et du mouvement des armées de terre.

« Après m'être adressée à plusieurs personnes pour avoir des nouvelles du citoyen Bard, commandant à Luçon, et n'ayant pu réussir, je m'adresse à vous, citoyens, et je vous prie de vouloir bien me marquer quelle est sa position.

« Je suis sa parente et par conséquent bien dans le cas de m'intéresser à son sort. Il est même instant que j'en sois informée à raison de ses enfants.

« Salut et fraternité,   BELOT (2). »

En marge de cette lettre, aux bureaux de la Guerre, est inscrite la mention : Répondu le 9 messidor (27 juin). La minute de la réponse fait défaut.

Le même jour que cette réponse, la lettre suivante

1. C'est ce qui explique l'intervention de tierces personnes, car la femme du général Bard écrivait volontiers, et elle ne s'en est pas abstenue sans raison dans cette circonstance.

2. Catherine Belot, précédemment religieuse, sous le nom de sœur Sainte-Cécile, avait été sécularisée, en vertu des lois révolutionnaires, et vécut depuis à Toulon. Quant aux enfants du général Bard, voir appendice V.

partait de l'aris, adressée à la femme du général par un citoyen de Toulon-sur-Arroux, qui comptait parmi les meilleurs amis de Bard, et qui avait reçu la mission compromettante de s'occuper du prisonnier.

« Citoyenne, tu m'avais invité à prendre des renseignements pour être instruit si ton mari avait été transféré à Paris, et je t'avais promis de faire toutes les recherches qui seraient en mon pouvoir pour t'en donner des nouvelles. Plusieurs motifs m'en faisaient une loi : la promesse que je t'avais faite, le plaisir de t'obliger, et plus encore d'être utile au général Bard, mon ancien ami, si je le pouvais. Ces raisons étaient bien suffisantes pour que je ne perdisse point de vue ton mari et toi. Mon ami, je puis le dire, m'occupait plus l'esprit que l'affaire qui me conduisait à Paris. En m'y rendant, je me trouvai à la dînée avec un général servant dans l'armée contre les brigands de la Vendée, et grand ami de Bard. Cet officier venait de quitter l'armée et allait à Clermont pour prendre un peu de repos. Il avait avec lui son épouse et un enfant de sept à huit ans; ces détails ne sont que pour que tu devines son nom, que je ne sais point. Il te connait beaucoup, et sa femme aussi. Elle m'a dit que tu avais été logée quelque temps chez elle. Leur ayant parlé de ton mari et demandé s'ils connaissaient le lieu qu'il habitait, ils m'ont dit qu'il n'avait pas quitté (1). Il m'a dit que sitôt son arrivée à Clermont il écrirait à ton mari. Je l'ai prié de lui faire part de ton inquiétude et des démarches que tu faisais pour avoir de ses nouvelles. Il me l'a promis, et j'ai lieu de croire qu'il le fera. Quant à présent, instruite du lieu où réside ton mari, tu pourras lui écrire et en recevoir des nouvelles.   Salut et vive la République! Couchot.

« Paris, le 9 messidor, an 2 de la République française une et *indivisible*.

1. Probablement Angers. Le papier de la lettre est détérioré en cet endroit.

« Je te dirai pour nouvelle que plusieurs représentants du peuple, qui se disaient ses défenseurs, et qui n'étaient autre chose que ses oppresseurs, enfin Petion, Barbaroux, et deux dont je ne me rappelle plus les noms, ont été arrêtés. Leurs forfaits vont être bientôt expiés. Vive la République. »

Cécile Belot ne s'était pas adressée seulement au ministère de la guerre. Avant d'avoir reçu la réponse des bureaux, elle avait encore écrit, le 4 messidor (23 juin), à Périot, l'ancien et dévoué aide de camp du général Bard. L'excellent Périot, qui était rentré dans l'armée de l'Ouest comme ingénieur militaire, répondit le 19 juillet.

« Liberté, Egalité, Fraternité.

« Fontenay le Peuple le 1er thermidor, l'an deuxième de la « République française une et indivisible.

« Périot, ingénieur militaire provisoire à l'armée de l'Ouest, à la citoyenne Belot.

Citoyenne, à mon arrivée d'un voyage de plusieurs jours, j'ai reçu avec plaisir votre lettre datée du 4 messidor dernier. Vous ne devez pas douter du plaisir que j'ai de remplir vos vues qui sont celles de votre sœur relativement à son époux, le général Bard, auquel je suis toujours très attaché. Vous devez tous être plus tranquilles à son égard, d'après sa lettre que je vous ai fait passer et qui a dû se croiser avec la vôtre. Cy-joint en est une autre de lui que je viens de recevoir, et qui s'est aussi croisée avec celle que je lui écrivois à Angers (1).

« Prenez patience ainsi que la citoyenne Bard. Votre vertueux parent ne tardera pas à aller vous retrouver, d'après le flatteur espoir qu'il a d'être jugé incessamment sur les demandes de la Société populaire d'Angers, qui, comme celles

---

1. La situation officielle de Périot et ses relations dans le pays lui donnaient des facilités pour recevoir les communications que le prisonnier voulait faire parvenir aux siens.

de nos environs, s'intéresse aux honnêtes gens, etc (1). Comptez que je ne négligerai rien pour remplir vos désirs sur tout ce qui dépendra de moi, et ne craignez pas de m'employer dans tout ce qui sera de mon ressort pour vous obliger, vous réitérant, ainsi qu'à votre sœur, que j'en saisirai l'occasion avec un nouveau plaisir. J'ai lieu de croire sans présomption que je ne puis être regardé comme indifférent à vos chagrins, que je désirerois sincèrement faire cesser, etc. etc.

« Vous me demandez des nouvelles du pays. Vous saurez que Huchet commande à Moutaigu (2), que Ceyras, qui avoit été suspendu par Turreau, est rétabli à Luçon où il étoit. (Sa femme vient d'accoucher).

« Le comité de Luçon ainsi que Cortez ne sont pas de retour, aucun d'eux n'ayant été jugé. Joba est suspendu provisoirement, vu qu'il étoit de la légion du traître Westermann (3). Il étoit à Orléans avec son épouse, il est actuellement chez lui à Clermont, et on assure qu'il sera bientôt nommé pour aller à l'armée d'Italie. Il doit vous écrire pour avoir les effets de sa femme qui sont dans les malles de votre sœur. — Martineau a votre adresse, il doit vous écrire. — J'ai vu Lambert et son épouse à la Rochelle.

« Le général en chef Vimeux se rend ici, avec le représentant du peuple Ingrand pour rester ici. Nous venons de tra-

---

1. Cette lettre de Périot est parsemée d'etc. qui avaient sans doute un sens, dont l'interprétation nous échappe. Elle contient visiblement des sous-entendus. On commençait la décade du 9 thermidor ; le moment n'était pas favorable aux expansions.

2. Huché avait été remis en fonctions en vertu de l'arrêté du 13 mai. Ayant recommencé ses violences, il fut destitué, le 4 août suivant, par le Comité de Salut public. Au 13 vendémiaire, il offrit ses services et fut employé de nouveau, puis destitué encore une fois, et finalement pourvu d'un traitement de réforme sous le Consulat (d'après Chassin).

3. Joba provenait de cette Légion du Nord, avec laquelle Westermann exécuta si souvent les charges furieuses qui en avaient fait l'effroi des vendéens. L'épithète accolée au nom de Westermann est très probablement ironique sous la plume de Périot.

cer un camp en avant de notre ville, pour accoutumer nos nouvelles troupes à devenir soldats. Notre infernale guerre ne nous inquiète plus, et bien moins la République.

« Bois (*le-comte*) saint est l'aide de camp du Général chef de l'état major du Général en chef de l'armée de l'Ouest. Il connaît le brave général Bard, et croyez que nous ne l'oublierons point, etc.

« Mon épouse et mes beaux-frères vous disent bien des honnêtetés ainsi que moi, quoique privés de vous connaître, mais il nous suffit de vous savoir sœur et belle-sœur de ceux que nous estimons et aimons de tout notre cœur pour vous offrir l'hommage de notre respect, que nous vous invitons d'agréer.

« Salut et fraternité,   PERIOT.

« P. S. Demain part la malle, remplie de vos effets restants et de ceux de Laison, le tout à l'adresse du citoyen Marchand à Paris, comme nous le dit Laison.

« Je charge la présente pour plus grande sûreté à vous parvenir. Donnez-nous de vos nouvelles, et dites-nous si vous avez bien reçu mes précédentes lettres, et surtout la dernière où était celle du général Bard.

« Excusez le griffonnage de ma lettre, je suis pressé par l'heure de la poste qui est sur son départ.

« Salut et fraternité. Vive la République.   P. »

Le général Bard venait seulement d'être fixé officiellement sur sa situation militaire. L'arrêté du Comité de Salut public, en date du 13 mai, qui le frappait de suspension, ne lui fut régulièrement notifié que le 23 messidor (11 juillet). Dans l'intervalle, le prisonnier avait pu faire imprimer le mémoire dont nous avons déjà parlé, et qu'il nous a été impossible de retrouver.

Dès la notification qui lui fut faite, Bard comprit

que le moment décisif était venu, et il écrivit au Comité de Salut public.

« Au Comité de Salut public.

« Représentants,

« J'aÿ reçu le 23 messidor une lettre de la commission de l'organisation et du mouvement des armées de terre. Cette lettre, en datte du 25 floréal, m'annonce que vous avez jugé à propos de me suspendre de mes fonctions de général de brigade. Ce qui doit vous surprendre, représentants, c'est que vous aÿez ignoré jusqu'à ce jour que le général Turreau m'avoit suspendu le 4 germinal et que j'étois en arrestation. Aussi est-ce relativement à la suspensiou du général Turreau et à mon arrestation que j'ai cru, en républicain qui n'aime et ne dit que la vérité, devoir faire imprimer le Mémoire que je vous fais passer. Ce Mémoire, imprimé avant la réception de la lettre de la commission, est moins pour ma justification, parce que l'honnête homme n'en a pas besoin, que pour confondre les calomniateurs en provocant contre moÿ toutes les dénonciations s'il pouvoit en exister. Depuis quatre mois que je suis en prison, que je demande justice sans l'obtenir, j'ai cru que je devois la chercher dans votre sein comme dans un sanctuaire impénétrable aux ennemis du bien public.

« Salut.

« BARD. »

Le Comité de Salut public était loin du théâtre des événements. Ses actes prouvaient assez combien il était sujet à s'égarer, et sa composition, trois semaines avant le 9 thermidor, ne présageait guère autre chose qu'un redoublement de rigueur. Cependant Bard n'entendait pas se laisser égorger comme un être sans défense. Tous les actes de sa vie militaire s'étaient passés au grand jour. Il en appela à ceux qui en avaient été témoins.

Aux corps administratifs il écrivit :

« Citoyens, mon mémoire doit vous convaincre de mon innocence, si vos cœurs ne m'avoient déjà justifié d'avance. Vous m'avez pas craint de m'honorer de votre estime dans ma disgrâce. J'ai cru devoir rendre public le témoignage avantageux que vous avez rendu de ma conduitte. C'est une douce consolation pour l'innocent persécuté que de penser qu'il y a encore des hommes vertueux qui lui rendent justice. »

Aux Sociétés populaires il disait :

« Vous êtes les sentinelles de la République. Vous veillez pour la consolation des malheureux et le supplice des coupables. Votre bonheur est dans la justice. Je vous offre une jouissance, celle d'arracher des fers un républicain innocent. Lisez mon mémoire ; il peut vous servir de boussole pour découvrir les traîtres qui ont voulu perpétuer la guerre de la Vendée. Appelez contre moy toutes les dénonciations, et, si vous n'en trouvez aucune, remplissez les devoirs des républicains, qui consistent à récompenser la vertu et à punir le crime. »

Ces documents furent envoyés par lui dès le commencement de thermidor. En même temps, incident qui caractérise bien les mœurs politiques de l'époque, il saisissait de sa cause la Société des Jacobins de Paris.

« Aux Jacobins, à Paris.

« Vous avez écrit à toutes les sociétés populaires pour vous donner des renseignements sur la continuité de la guerre de la Vendée. Je vous fais passer mon mémoire. Il peut vous donner de très grands éclaircissements sur cet objet. J'expose les faits avec cette simplicité républicaine qui caractérise un

brave sans-culotte. Ma conduitte révolutionnaire est attestée
de tous mes braves frères d'armes, des autorités constituées,
des sociétés populaires et des représentants qui m'ont connu.
Je deffie quelque personne que ce soit de m'inculper. Faites
vos efforts pour connoître la vérité, et rendez à la liberté celui
qui, à Jemmape, à Mortagne et dans toute la Vendée, a combattu avec intrépidité pour elle. Il n'existe aucune dénonciation contre moÿ. De ceux qui avoient voulu jeter des nuages
sur ma conduite, l'un est condamné à 20 ans de fers, et les
autres sont destitués. Républicains, demandez justice. Si je
suis coupable, que ma tête tombe ; mais si je suis innocent
qu'on me rende ma liberté, et qu'on ne me traite pas comme
un brigand. La détention d'un républicain est le triomphe de
l'aristocratie et une calamité publique.

« Salut et fraternité.   BARD. »

Enfin il a recours à l'autorité suprême, à la Convention nationale. Il envoie au président la lettre
suivante, dont il faut noter le ton et la date.

« Copie de la lettre écrite au président de la Convention
nationale, en datte du 7 thermidor.

« Président,

« Je rends hommage à tes vertus en te mettant dans la
douce nécessité de sauver l'innocent et de confondre les pervers. Le mémoire que je te fais passer est moins pour me
justifier que pour provoquer contre moÿ les dénonciations,
s'il pouvoit en exister. Depuis quatre mois je languis dans les
prisons, sans qu'on puisse alléguer aucun fait contre moy !
Justice, président, justice !... la liberté ou la mort !

« Salut.

BARD. »

Le général Bard, qui avait gardé les minutes de

copie de la lettre ecrite au président de la convention nationale
en datte du 7 thermidor

président

je vends hommage a tes vertus, en te mettant dans le doux
receptté de sauver l'innocent et de confondre les pervers. le
Mémoire que je te fais passer est moins pour me justifier que
pour provoquer contre moy les denonciations et poursuites
en existe. depuis quatre mois je languis dans les prisons sans
qu'on puisse alleguer aucun fait contre moy ! — justice —
président, justice ! ... la liberté ou la mort

Salut

Cavé

cette correspondance peu ordinaire, en a donné un commentaire qui peint bien la candeur de son honnêteté. Il y a inscrit cette mention : « Ecrit pendant « ma détention à Angers, où j'avois été traduit au « tribunal révolutionnaire. J'étois sûr de mon inno« cence, voilà pourquoi j'écrivois. »

CHAPITRE V

Mise en liberté de Bard, et commandement à Fontenay.

Arrêté du Comité de Salut public, du 21 thermidor an II, ordonnant la mise en liberté de Bard. — Autre arrêté, du 29 du même mois, le rendant à ses fonctions. — Réflexions de l'adjudant général Hector Legros. — Lettre du général Joba. — Bard est renvoyé en Vendée. — Lettre du général Canclaux. — Canclaux demande à Bard de prendre, en remplacement de Beaupuy, le commandement de la division de Cholet. Lettres des généraux Grouchy, Clanclaux et Bard. — Celui-ci est contraint par ses blessures de renoncer au service militaire.

Si sûr que fût Bard de n'avoir rien à se reprocher, si fondé qu'il pût être à se prévaloir de ses services et de ses blessures, le hasard des événements politiques le servit sans doute plus efficacement. Il avait écrit, le 7 thermidor, au président de la Convention nationale. Le 9 thermidor, le renversement de Robespierre et de ses amis changeait tout à coup la direction suivie jusqu'alors. Une détente universelle se produisit. Si elle dégénéra même promptement en une réaction excessive sur certains points, elle n'en profita pas moins tout d'abord à nombre de bons citoyens, fils de la Révolution, que leur mère s'apprêtait à dévorer, comme elle faisait depuis plusieurs mois, des meilleurs de ses enfants. On ouvrit large-

ment les portes des prisons, et c'est à cette circonstance, semble-t-il, plutôt qu'à une décision régu-
lière de justice que Bard dut sa mise en liberté.

Le 19 thermidor, en effet, la Commission de
l'Organisation et du Mouvement des armées de terre,
par l'organe de Pille, écrivait à Bard à l'ambulance
d'Angers : « Quoique la Commission soit portée à
« juger favorablement de tes moyens de défense, elle
« ne peut proposer au Comité de Salut public la
« levée de ta suspension qu'elle ne soit munie de
« pièces justificatives à l'appui de ton mémoire. »
Deux jours après, et sans plus attendre, le Comité de
Salut public ordonnait la mise en liberté de Bard.
Nous reproduisons intégralement la pièce qui lui fut
notifiée.

« Extrait du Registre des arrêtés du Comité de Salut public de la
Convention nationale, du vingt-unième jour de thermidor, l'an 2º
de la République française une et indivisible.

Le Comité de Salut public arrête que Bard, ci-devant général
de brigade à l'armée de l'Ouest, actuellement détenu à
Angers, sera mis sur-le-champ en liberté. L'agent national
du district d'Angers fera exécuter le présent arrêté.

Signé : Carnot, Tallien, B. Barrère, Laloy, R. Lindet,
Eschassériaux, Thuriot, Billaud-Varenne, Bréard, Collot-
d'Herbois et Treilhard.

Pour extrait, *signé :* Carnot, Collot-d'Herbois, Eschassériaux, R. Lindet, Prieur.

Pour copie conforme, au district d'Angers, ce vingt-cinq
thermidor, an 2º de la République une et indivisible.

Villier,
A. N. »

Mis en liberté, Bard se rendit immédiatement à

12.

Paris afin de fournir les justifications qui pourraient lui être demandées. Il y était à peine arrivé qu'un nouvel arrêté du Comité de Salut public, en date du 29 thermidor (16 août), le réintégrait dans ses fonctions.

« AMPLIATION.

Extrait des Registres du Comité de Salut public de la Convention nationale. Du 29e jour du mois de thermidor, l'an 2e de la République française une et indivisible.

Le Comité de Salut public arrête que Bard, ancien général de brigade à l'Armée de l'Ouest, sera rendu à ses fonctions.

Signé au registre : CARNOT, B. BARRÈRE, BRÉARD, ESCHASSÉRIAUX, R. LINDET, C. A. PRIEUR, TALLIEN, THURIOT, LALOY, TREILHARD, COLLOT D'HERBOIS, BILLAUD-VARENNE.

Pour extrait, *signé :* CARNOT, ESCHASSÉRIAUX, P. A. LALOY, COLLOT D'HERBOIS.

Pour copie conforme,

Le Commissaire : L. A. PILLE. »

Bard avait été assez éprouvé par les fatigues de la guerre et celles de la captivité pour obtenir la permission de consacrer quelque temps à la guérison de ses blessures et au rétablissement de sa santé. Il alla à Bellevue-les-Bains (ci-devant Bourbon), et de là à Bel-Air-sur-Arroux (ci-devant Toulon). Il n'avait cessé de caresser l'espoir qu'une fois sorti de la Vendée, il pourrait de nouveau faire la guerre contre l'étranger.

Ainsi que le disait l'adjudant-général, chef de brigade, Hector Legros (1), la seule gloire et les seuls

1. Hector Legros, *Mes rêves dans mon exil,* ou, Coup d'œil politique et militaire sur la Vendée, ouvrage dédié à la Convention nationale, in 4°, Blois, an III.

avantages « auxquels aient pu prétendre et qu'aient
pu acquérir les généraux de la Vendée, ç'a été jusqu'à ce moment des coups, des fièvres, des invectives
et des injures de la part de bien des représentants, la
suspension, la destitution, la guillotine, — et leur
enterrement tout vif quand ils tombent au pouvoir
des rebelles. La nation saura que les généraux de la
République qui ont échappé à quelques-unes de ces
chances, ce sont ceux-là seuls qui, comme Moulin et
Haxo, ont été assez heureux que de pouvoir se brûler
la cervelle à l'instant où ils sont tombés entre les
mains des soldats de Louis XVII; ce sont ceux-là
seuls qui, comme le brave Blosse et quantité d'autres
ont préféré de se précipiter au milieu des rebelles et
de mourir percés de mille coups plutôt que de survivre à la honte de nos défaites et de nos malheurs;
ce sont ceux-là enfin qui, comme Kleber et le jeune
Marceau, ont obtenu de quitter l'armée de l'Ouest
après avoir heureusement terminé la première guerre,
et ont su échapper ainsi aux cyprès de la Vendée pour
aller cueillir de véritables lauriers dans les armées
de la Moselle et du Nord... Westermann a été livré à
la boucherie parce qu'il a été l'un des plus zélés partisans de la fin de cette guerre, parce qu'il l'a poussée
avec toute la vigueur et l'intrépidité d'un républicain.
Il a dit à ses bourreaux en montant à l'échafaud :
« Mais n'eussiez-vous pas pu attendre que mes
« blessures fussent guéries avant de me faire mourir ! »
Le général Tuncq, après s'être couvert de gloire dans
les plaines de Luçon, a été destitué, et un représentant l'a trouvé dernièrement dans une chaumière,
tout à fait en proie à la misère et à l'indigence...
Bard avait le corps percé d'outre en outre par le fer
des rebelles, et à peine les premiers appareils étaient-

ils posés sur sa blessure qu'il fut obligé de s'éloigner de vingt lieues de Paris et des frontières. » Hector Legros faisait ainsi allusion à la première mesure ordinairement prise contre les généraux suspendus. N'ayant pas été sans doute à même de connaître la suite, il ne supposait pas que Bard avait pu être jeté en prison et y rester quatre mois. Il eût été facile à Legros d'ajouter beaucoup d'autres noms à la liste des généraux de la République qui furent victimes de la guerre de Vendée.

Des sentiments analogues se manifestent dans une lettre que le général Joba écrivait, le 23 vendémiaire (14 octobre), à son ancien chef et ami (1).

« LIBERTÉ   EGALITÉ   JUSTICE

« Paris, ce 23 vendémiaire et l'an III⁰ de la République.

« JOBA, GÉNÉRAL DE BRIGADE, AU brave et estimable citoyen Bard, son fidèle ami, son bon camarade et son associé de malheur.

« Périssent à jamais les oppresseurs de ma patrie! Oui, périssent tous ces proscripteurs infâmes qui, vous ôtant, comme à tant d'autres fidèles amis de la République, la possibilité de fournir davantage une carrière d'années de gloire toujours constante, voulaient, par cette manœuvre infâme, faire changer le destin de nos armes et les couvrir de honte!

« Le Génie tutélaire de notre malheureuse patrie a détourné leurs coups, en vous restituant à vos fonctions, que vous aviez si bien su embellir de victoires, et ne laisse plus à vos

---

1. Nous avons déjà noté et expliqué le style un peu extraordinaire de Joba. La plus médiocre littérature de l'époque semble avoir déteint sur ce vaillant soldat; son langage contraste avec l'énergique simplicité de sa vie militaire, qu'il termina comme il le souhaite dans cette lettre.

oppresseurs et à mes bourreaux que la honte, le désespoir et les marques d'un opprobre éternel.

« Oh! mon digne et généreux ami, combien, du fond d'un cachot obscur, j'ai souvent répété le nom de Bard! Oui, combien de fois ces voûtes ténébreuses ont retenti du nom de mon ami! Mais quel secours en recueillais-je? Vous étiez, comme moi, malheureux, et toutes les fois que ma pensée se portait vers mon ami, je redoublais ma peine. Le jour où j'appris le terme de vos malheurs fut un jour heureux pour Joba. J'ai oublié toutes mes peines dans la cessation des vôtres, et plus de mille fois mes bras serraient sur mon âme l'associé de ses succès (1). Mon pauvre ami, que ne puis-je être assez heureux pour joindre à cette fiction un instant de réalité; mais cinquante lieues nous séparent, et peut-être votre ami sera-t-il privé pour jamais de vous embrasser.

« Je suis réintégré dans mes fonctions. J'ignore quelle sera ma destination. Quelle qu'elle soit, je fais des vœux pour n'y pas vieillir, l'existence étant un fardeau trop pénible, et *en révolution*.

« J'ai cependant fait des vœux pour survivre à l'injustice commise, à tous égards, et exercée sur moi; mais à présent que mes détracteurs sont reconnus pour des lâches, des calomniateurs, j'ai assez vécu.

« Je vous écrirai demain, j'ai su aujourd'hui que vous étiez à Bel-Air-sur-Arroux, j'ai voulu vous consacrer le premier moment qui a succédé aux nouvelles. La citoyenne Bard, quelle est sa santé? Oh! dites-lui que personne ne s'intéresse plus à son bonheur que votre ami

« JOBA. »

---

1. Joba compense par de l'exagération ce qu'il y avait peut-être d'un peu tardif dans sa manifestation de sympathie. Il avait été lui-même poursuivi à Tours. Le 8 fructidor an II (28 août 1794), le jury d'accusation de Tours décidait qu'il n'y avait pas lieu de donner suite. Il ne semble pas que Joba soit resté détenu pendant toute la durée de l'instruction, puisque la lettre de Périot en date du 1er thermidor (19 juillet), annonce qu'après un [séjour à Orléans « il est « actuellement chez lui à Clermont ». Il est probable que c'est éga-

Contrairement à tous ses désirs, Bard fut obligé de retourner en Vendée.

Dès le 30 thermidor (17 août), avant même qu'on ne connût sa réintégration dans les fonctions de général, un bataillon, celui de l'Union, lui envoyait l'adresse suivante :

« Armée   Liberté   Égalité.
de l'Ouest.   Bataillon de l'Union.

« Au camp du Pont-Charon, le 30 thermidor, deuxième année républicaine.

« Le Conseil et anciens soldats réunis, au citoyen Bard, général de brigade.

« Quand tu as été retiré de parmi nous, personne ne s'imaginait que c'était pour te tourmenter aussi cruellement; mais aussi tes malheurs nous touchent tous, au point que

lement à lui que fait allusion le citoyen Couchot dans la lettre reproduite plus haut (27 juin), où il parle d'un général, grand ami de Bard, qui venait de quitter l'armée de la Vendée et « allait à Cler- « mont avec son épouse pour prendre un peu de repos. » Dans une lettre adressée à Paris, le 21 vendémiaire, à la citoyenne Bard, par un citoyen Etienne Hébert, nous trouvons le passage suivant qui paraît bien s'appliquer à Joba : « Peu de temps après ton départ le C. a été « destitué. A la suite de cela il a été conduit à Tours, où, après une « longue procédure, il a été élargi. La Ce, qui ne l'avait pas quitté, a « eu la petite vérole, dont elle n'est pas guérie dans ce moment. « J'ai rencontré le C. Il m'a parlé de ton mari avec les plus grands « éloges ; tout ce qu'on peut dire, il me l'a dit ; je lui ai fait observer « que c'était un peu tard, que tu avais eu sujet de te plaindre, que « le malheur était un titre de plus. On est convenu de tout ; les cir- « constances ont servi d'excuse ! Il espère de l'emploi, etc. » C'est le surlendemain que Joba écrivait à Bard la lettre ci-dessus. — Chassin indique, t. III, p. 401, que « par arrêté du Comité de Salut public, du 11 brumaire an III (1ᵉʳ novembre 1794), non seulement la suspension de Joba fut levée, mais il fut maintenu dans le grade de général de brigade, que lui avaient donné les représentants et que le ministre de la guerre Bouchotte ne lui avait pas confirmé. »

s'il était possible d'ajouter quelque chose à l'amitié que nous te portions, tes désagréments te l'auraient encore acquis; mais il n'était pas possible d'y rien ajouter.

« Le moment actuel semble te préparer une justification prompte, et te dégager des serres des malveillans qui n'aimaient pas les vrais républicains. La nouvelle victoire que vient de remporter la Convention sur les bourreaux qui voulaient l'anéantir te mettra à même de venir bientôt parmi nous achever cette infâme guerre, qui le serait si on t'avait laissé des forces et la liberté d'agir comme tu aurais voulu.

« Nous t'attendons bien ardemment pour consommer le grand ouvrage, car cette division n'a pas agi comme elle le désirait depuis ton départ, étant restée dans l'inaction.

(Suivent les signatures du chef de bataillon, des officiers et d'un certain nombre de sous-officiers.)

« P. S. Notre bataillon est complété. Nous sommes à 1.112. Tu vois bien des signataires qui n'étaient pas avancés de ton temps. Tous t'attendent avec impatience pour travailler à l'avantage de la République. »

Les Sociétés populaires et les Comités révolutionnaires de la Vendée et des régions limitrophes, enhardis par les événements, rappelaient hautement les services que Bard avait rendus à la cause de l'humanité. Son nom et son éloge étaient naturellement associés à leurs protestations contre tout ce que leur pays venait de subir.

Le 9 septembre, la Société populaire de Niort rappelait à la Convention ses inutiles démarches du mois d'avril précédent :

« L'infernale guerre de la Vendée, rallumée par le meurtre, le viol, l'incendie et le pillage; Grignon, Huché et leurs agents incendiant des communes fidèles à la République, avec les grains et fourrages qu'elles contenaient, égorgeant les vieillards, les femmes et les enfants; tel est en peu de mots le tableau des horreurs que la Société dénonça au Comité de Salut public au mois d'avril dernier... Hentz et Francastel se rendirent à Niort le 13 avril. Ils mandent le comité de surveillance de Niort et lui ordonnent de leur communiquer les pièces contre Huché et Grignon. Le Comité les leur présente, Hentz veut les jeter au feu sans les lire... Bard destitué vient demander justice aux représentants; ceux-ci, sans l'entendre, le chargent de fers. Ils vont à Luçon, ils mettent en arrestation une foule de pères de familles qui avaient eu le courage de dénoncer l'assassin et l'incendiaire Huché. Voilà, citoyen, des faits que personne ne pourra contester (1). »

Le 14 vendémiaire (5 octobre), le Comité révolutionnaire de Fontenay-le-Peuple envoyait à la Convention une adresse qui commençait ainsi :

« Citoyens représentants, vous avez mis la justice (qui est dans votre cœur) à l'ordre du jour; une portion du souverain vous dénonce les attentats commis contre la liberté. Fontenay-le-Peuple, chef-lieu du département de la Vendée, jeté par Turreau sur la liste des proscriptions, n'a échappé aux poignards et à l'incendie que par la fermeté du vertueux Bard, qui connaissait les principes de ses habitants et leur haine pour les rois, les brigands et les hommes corrompus. Une cité dans le deuil, cent pères de familles tombés à l'affaire du 25 mai 1793 (vieux style) sous le couteau des insurgés, des veuves, des orphelins, la jeunesse au champ de la gloire, n'avaient pu inspirer de l'intérêt aux barbares qui venaient nous assassiner. » Cette adresse continuait en signalant la politique néfaste de Turreau. « Par un système abominable et l'exécution d'ordres sanguinaires, la circonférence de la Vendée, indignement avilie, était tombée sous le gouvernement militaire; déjà les communes qui formaient les avant-postes du pays libre étaient livrées aux flammes; déjà le

1. Savary, t. IV, p. 111.

patriote, confondu avec le satellite de Charette (pour prix sans doute des services qu'il **avait** rendus à sa patrie), ne pouvait plus échapper à la mort. Dites-nous, hommes de sang, dites à la France entière, vous, Turreau, Huché, Grignon, Carrier, Hentz, Francastel, comment la guerre de la Vendée s'est renouvelée..., » et les membres du comité révolutionnaire concluaient : « Fermes dans nos principes, nous ne varierons jamais ; et les hommes qui ont eu le courage de crier : Vive la liberté ! Vive la République ! en voyant incendier leurs propriétés et massacrer leurs parents, sont les hommes qui vous dénoncent à l'opinion publique et qui demandent au sénat français justice de vos attentats (1). »

Le sage Canclaux avait repris, depuis le 24 octobre, après un court intérim exercé par le général Alexandre Dumas, le commandement en chef de l'armée de l'Ouest. Bard reçut l'ordre de se rendre à Fontenay. Il y arriva dans les dernières semaines de l'année 1794. Canclaux lui écrivit, le 28 décembre, la lettre qui suit (2).

« ARMÉE

DE L'OUEST.   · LIBERTÉ   ÉGALITÉ.

« A Nantes, le 8 nivôse, l'an troisième de la République française une et indivisible,

« LE GÉNÉRAL EN CHEF DE L'ARMÉE DE L'OUEST au général de brigade Bard.

« Général, j'ai reçu tes deux lettres l'une du... frimaire, elle m'est arrivée la dernière, la seconde du 1er nivôse par laquelle tu m'apprends ton arrivée à Fontenay le Peuple. Je scais ce qu'on doit à des blessures glorieusement reçuës, mais je scais aussi combien tu peux être utile. Ainsi je

1. Archives hist. de la Guerre, Armée de l'Ouest.
2. Papiers du général Bard, lettre autographe.

chercherai à ménager ta santé, et à mettre à profit pour la république ton zèle et tes talens. Ils te donnent des droits à mon estime, je désire en avoir à ton amitié.

« Salut et fraternité.

« CANCLAUX.

« P. S. Repose-toi, cher camarade, et guéris en attendant des ordres. »

Bard avait trop présumé de ses forces physiques. Le 6 mars, il se vit dans la nécessité d'aviser de l'état de sa santé le ministère de la guerre.

« Fontenay-le-peuple, le 16 ventôse, l'an trois de la République française.

« Bard, général de brigade, à la Commission de l'Organisation et du Mouvement des armées.

« Quoique vous m'eussiez accordé la permission de rester chez moi, par votre lettre du 20 vendémiaire, jusqu'à ce que je fusse parfaitement rétabli, la bonne envie que j'avais de concourir à la fin de cette malheureuse et cruelle guerre de la Vendée m'a forcé de me rendre à mon poste. J'ai été trompé dans mon attente, croyant pouvoir y être utile; puisqu'il est vrai que, depuis que je suis arrivé, c'est en vain que j'ai voulu essayer de monter à cheval. Les blessures que j'ai reçues il y a dix-sept mois dans ce pays ne sont pas encore parfaitement rétablies. J'ai souffert comme un malheureux cet hiver. Je vous prie de me permettre d'aller prendre les eaux soit à Vichy ou Bourbon. Il m'est impossible de pouvoir m'aider de mon bras, et je crains d'être forcé par mes infirmités, sinon de vous demander ma retraite, au moins le commandement d'une place.

« Je demanderais aussi qu'il me fût permis d'emmener mes chevaux où j'irai prendre les eaux, car ceux que j'avais laissés dans ce pays après ma suspension et mon incarcération ont été perdus.

« Salut. Fraternité.

BARD. »

Ce contre-temps était particulièrement inopportun, bien que Charette vînt de signer (le 17 février) la convention de la Jaunaye avec les commissaires de la République. Il était désirable, en effet, dans la phase nouvelle où l'on entrait, d'avoir en Vendée des généraux connaissant bien le pays et jouissant d'une autorité personnelle. Du reste Stofflet ne désarmait pas encore. Aussi Bard devait-il remplacer à la tête de la division de Chollet l'héroïque Beaupuy, appelé à l'armée du Rhin où il allait trouver une mort glorieuse.

Canclaux aurait pu songer, pour ce poste, au général de Grouchy, militaire distingué, plus ancien que Bard, et, de plus, en rapports personnels avec le général en chef. Mais Grouchy, alors chef d'état-major, prit les devants par une lettre qu'il adressa de Saumur, le 21 germinal (10 avril), au général Canclaux.

« Il se pourrait, écrivait-il, que si on me donnait un grade de plus, on voulût aussi me confier la division de Beaupuy. Dans certains moments, je l'avoue, consultant plus mon amour-propre que mes moyens, j'aurais la confiance d'accepter : mais en y réfléchissant froidement, et en pesant plusieurs considérations relatives à ma position personnelle à l'armée, à certains rapports qui ont été faits au Comité de Salut public, et dont je suis instruit, je sens qu'il y aurait une responsabilité double de celle attachée à la place de l'état-major. Vous avez à Fontenay le général Bard, ancien militaire, qui demande à servir. Il est estimé dans la Vendée et y sera vu d'un bon œil ; il sera aussi propre, et plus que moi, à commander une division (1). »

Le futur maréchal de France exagérait peut-être

____

1. Arch. hist. de la Guerre. Extrait du registre de correspondance

sa défiance de ses propres forces, quoique ce sentiment lui fût assez habituel. Toujours est-il que ce fut à Bard que s'adressa Canclaux (14 avril) (1) :

« Armée

DE L'OUEST   LIBERTÉ   EGALITÉ

« A Chollet, le 25 germinal, l'an troisième de la République française, une et indivisible.

« LE GÉNÉRAL EN CHEF DE L'ARMÉE DE L'OUEST au général de brigade Bard.

« Mon cher camarade, votre expérience, vos talens militaires et la réputation dont vous jouissés dans l'armée et dans le païs, vous appellent au commandement de la division que quitte le général Beaupuy, qui passe à l'armée du Rhin. Vous voudrés donc bien vous rendre le plus tôt possible ici, à Chollet, chef-lieu de la première division. Je m'y trouverai selon toute apparence. Je serai empressé de faire connaissance avec vous, et de vous dire mon estime et mes sentimens fraternels.

« Salut.

CANCLAUX.

« Vous pouvés vous rendre par la Chataigneraye à Cerisaÿ, que nous occupons, et de là à Châtillon, ce qui seroit beaucoup plus court. Nos patrouilles font sans cesse ce chemin, et le rendent sûr. »

autographe de Grouchy. — Grouchy était mal renseigné sur les dispositions de Bard, qui ne pouvait, à son grand regret, demander à servir. C'est sur l'insistance de Fontenay que Bard y était resté. Le 4 février, Canclaux avait mandé au Comité de surveillance de Fontenay « qu'il maintiendra selon son désir le général Bard dans son « commandement. Sa conduite, sa bravoure, ses talents militaires lui « ont à juste titre attiré la confiance générale. » (Chroniques fontenaisiennes, publiées par A. Bitton.)

1. Papiers du général Bard; lettre autographe.

Cette lettre de Canclaux à Bard se croisa avec une lettre de Bard à Canclaux, où le commandant de Fontenay, justifiant de l'impossibilité de servir en ce moment, demandait à être mis en congé. Canclaux retint par devers lui les pièces destinées au ministère de la guerre. Il espérait que Bard pourrait revenir sur sa détermination. Il lui écrivit, dans ce sens, le 29 avril (1).

« ARMÉE
DE L'OUEST   LIBERTÉ   EGALITÉ

« A Saumur, le 10 floréal, l'an troisième de la République française, une et indivisible.

« LE GÉNÉRAL EN CHEF DE L'ARMÉE DE L'OUEST au général de brigade Bard.

« Mon cher camarade, j'ai bien tardé à répondre à votre lettre du 21 du mois dernier, et même à faire passer à la 9ᵉ commission le certificat nécessaire pour l'obtention du congé que vous demandés. C'est que j'attendois de votre part une réponse à la lettre que je vous ai écritte en datte du 25 et qui s'est croisée avec la vôtre. Ce n'est qu'à regret que je vois la continuation de vos souffrances, et qu'elles vous empêchent encore de servir et de vous rapprocher de nous. J'aurois bien désiré avoir un coopérateur tel que vous, et l'occasion de vous dire l'estime que j'ai conçuë de vos talens, de votre zèle, de votre civisme, et mon attachement fraternel.

« Salut.

CANCLAUX. »

Bard partit le 5 mai pour Bellevue-les-Bains. — La pacification de Saint-Florent avait été signé trois jours auparavant. Stofflet à son tour se retirait de la lutte après Charette.

1. Papiers du général Bard, lettre autographe.

Les eaux minérales n'eurent pas sur la santé de Bard l'effet qu'il en espérait. Il avait eu la poitrine traversée, de la partie supérieure du sternum à l'acromion, blessure ayant lésé dans son trajet l'attache supérieure du grand pectoral et des deltoïdes et le bord antérieur de la clavicule du côté droit. Une autre blessure lui avait traversé le bras broit. Ce sont ces deux blessures, décrites dans divers documents médicaux, qui n'avaient pas cessé de lui occasionner de vives souffrances. A l'issue de la cure qu'il avait commencée vers le milieu de mai 1795, les médecins Pinot et Fillion lui délivrèrent un certificat ainsi conçu :

« Le soussigné, médecin à Bellevue-les-Bains, ci-devant Bourbon-Lancy, département de Saône-et-Loire, qui vient de faire administrer les eaux thermales au citoyen Bard, général de brigade de l'armée de l'Ouest, atteste que les différentes blessures qu'il a reçues dans l'étendue de l'extrémité supérieure droite, depuis l'épaule jusqu'à la main inclusivement, ont été suivies d'un désordre, d'une désorganisation qui seront toujours un grand obstacle à l'usage de cette partie ; — que, dans tous les temps, le maniement des armes lui sera si difficile qu'elles ne seront entre ses mains que d'une faible ressource, soit pour combattre les ennemis de la patrie, soit même pour sa propre sécurité ; — que, par ces causes, le citoyen Bard me paraît, à l'avenir, peu capable des exercices militaires ; — qu'en le dirigeant dans l'usage des eaux minérales de Bellevue, j'ai moins eu pour objet son rétablissement dans l'intégrité des fonctions du bras droit que la diminution des douleurs qu'il y ressent continuellement, de la roideur, de la gêne qu'il éprouve au moindre usage ; — qu'une première saison nous laisse loin de nos désirs et de notre attente à cette égard ; qu'il sera nécessaire qu'il revienne à celle d'automne ; que le temps intermédiaire devant être passé dans les soins, les ménagements et le repos, j'estime qu'il doit se retirer dans ses foyers, en attendant qu'il revienne aux sources minérales chercher les soulagements dont son infirmité se trouvera susceptible. »

La réorganisation générale des armées avait lieu à ce moment même en vertu du décret du 11 prairial an III (30 mai 1795). Bard cessa d'être employé le 19 juin. Le Comité de Salut public, par arrêté du 15 fructidor suivant, le déclara réformé pour cause de blessures.

APPENDICE

I

Mairie de Montmort.

Extrait du Registre des Naissances de la commune de Montmort, canton d'Issy-l'Évêque, arrondissement d'Autun, département de Saône-et-Loire.

Le vingt et un janvier mil sept cent cinquante neuf a été baptisé *Antoine-Marie*, fils légitime d'honnorable Lazare *Bard*, bourgeois à Chevanes, de cette paroisse, et de dame Françoise Virot, son épouse. Le parein a été M. Antoine Bard, praticien à Gueugnon, et la mareine d{/ll}{e} Marie Virot, qui se sont soussigné avec moi. Signé au Registre : Virot, Bard et Douheret, curé de Montmort et archiprêtre de Perrecy.

Délivré conforme au Registre, à Montmort le vingt huit avril mil huit cent neuf. Le Maire : Genty.

[Lazare Bard et Françoise Virot n'eurent pas d'autre enfant.

Les ascendants paternels de Lazare Bard étaient fixés dans l'Autunois et le Charolais; sa mère était originaire de Dijon; le contrat de mariage de ses parents, reçu par Rasse, notaire royal en cette ville, est du 1er février 1720.

Sa femme appartenait à la famille Virot, également dijonnaise, dont plusieurs membres habitèrent l'Autunois: elle avait deux frères, Gabriel et Jean-François Virot, demeurant à

Dettey. Virot, avocat à Dijon, laissa une partie de ses biens
au mineur Antoine-Marie Bard.

Celui-ci perdit d'abord sa mère ; son père mourut en 1765.]

II

MARS
1778

SIGNALEMENS BOURGUIGNONS

Antoine Bard, fils de Lazare Bard, bourgeois vivant noble-
ment et de dame Françoise Virot, natif de Montmort, diocèse
d'Autun, généralité de Dijon, âgé de dix-neuf ans, taille de
cinq pieds, quatre pouces et une ligne, pied nud, est entré
en qualité de surnuméraire dans la Compagnie des Gendarmes Bourguignons le 29ᵉ Mars 1778.

A été amené par M. Laporte, Gendarme de la Compagnie,
apporte avec luy son extrait de baptême et un certificat de
quatre notables de son endroit, a déclaré être venu du con-
sentement de sa famille, et qu'il jouit d'une pension de 900.

II *bis*

Nous soussignés, notables et principaux habitants de la ville
de Toulon sur Aroux, Certiffions à tous qu'il appartiendra que
feu sieur Lazare Bard en son vivant étoit Bourgeois, demeurant à Chevasne, paroisse de Montmort, et que même ledit sieur
Bard a habitté cette ville en laditte qualité de bourgeois. Fait
à Toulon sur Aroux, le dix neuf mars mil sept cent soixante
dix huit.

  Laison de St Antoine   Verneret, bailly de Toulon
  Saclier De Giverdez   Lafouge.

Nous Jean-Filipe Saclier, avocat à la Cour, conseiller du
Roy, maire de la ville et communauté de Toulon-sur-Aroux,

à tous ceux qui ces présentes verront, certifions que les signatures ci-dessus sont véritables, et que le sieur Verneret, bailly ; le s^r Lafouge, contrôleur au Grenier à sel ; le s^r Laison de Saint Antoine ; le s^r Saclier Degiverdez, qui ont donné lesdites signatures, sont véritablement notables et principaux habitants de cette ville. En témoignage de quoi nous nous somes soussignés et avons aposé au bas des présentes le sceau aux armes de notre jurisdiction. A Toulon-sur-Aroux, le vingt deux mars mil sept cent soixante dix-huit.   Saclier.

III

DÉPARTEMENT
DE LA GUERRE

—

PENSION   LIBERTÉ   ÉGALITÉ
REPRÉSENTATIVE DE LA
MAISON NATIONALE   RÉCOMPENSE NATIONALE
DES INVALIDES

—

RÉPUBLIQUE FRANÇAISE

Pension de *douze cents livres* en faveur de *Antoine Marie* BARD, *né le 21 janvier 1759, à Montmort, département de Saône et Loire.*

LE DIRECTOIRE EXÉCUTIF, s'étant fait représenter la Loi en date du *onze germinal, an quatrième, mise à exécution le même jour,* par laquelle il est accordé à *Antoine-Marie* BARD *une pension annuelle et viagère de douze cents livres,* pour récompense de *huit ans, un mois, cinq jours de services, y compris deux campagnes, qu'il a finis dans le grade de général de brigade, blessé et autorisé à prendre sa retraite,* autorise les Commissaires de la Trésorerie Nationale à faire payer ladite somme de *douze cents francs* en quatre termes égaux, de trois mois en trois mois, le premiér d'avance à compter du *premier messidor an troisième,* époque de la cessation du payement de ses appointements, sous la déduction des sommes qu'il peut avoir reçues imputables sur sa pension, sur la présentation du présent titre en se conformant aux Lois sur les Pensions.

Fait à Paris, le *vingt quatre brumaire* de l'an *cinquième* de la République française.

Le Président du Directoire exécutif

P. BARRAS

Par le Directoire exécutif, le Secrétaire Général

LAGARDE

Le Ministre de la Guerre

PETIET.

IV

Nous trouvons dans les papiers du général Bard le brouillon d'une lettre écrite par lui à Chapelain, en date, à Toulon-sur-Arroux, du 26 brumaire an VI (16 novembre 1797). Nous en détachons quelques passages : « Citoyen représentant, voyant quelquefois les papiers publics, j'y ai lu des rapports faits à la Convention (1) par un citoyen de votre nom, que j'ay pensé être **vous**, le même que j'ay vu dans cette malheureuse Vendée exposé aux fureurs des hommes sanguinaires. Peut être, citoyen représentant, ne **vous** souvenez-**vous** plus de moy. Je suis celuy des généraux qui avoit établi son quartier-général à Chantonnay, lorsque le général Grignon qui venoit d'incendier votre canton et ceux avoisinants (malgré l'invitation que je lui avois faite de ne pas le faire), revint avec **vous** pour se rendre au puits Belliard. En **vous** rappelant ces tristes jours, j'ay le cœur navré de chagrin. Ah citoyen représentant, que j'étois peu fait pour être le compagnon d'armes de semblables hommes ! Mais il faut oublier tous ces malheurs, et ne plus penser qu'à travailler à l'affermisse-

---

1. La Convention n'existait plus. Chapelain était du Conseil des Cinq-Cents.

ment de notre chère république. J'ai encore eu le plaisir de vous voir à Fontenay pendant mon séjour dans cette commune. Plusieurs fois nous nous sommes entretenus des mesures insuffisantes que l'on prenoit pour ramener la tranquillité dans ces trop malheureuses contrées, et certes le temps nous a prouvé que nous avions raison...

« Depuis l'époque où j'ay quitté le pays, je n'ai plus été employé. Il me fut accordé une pension de 1.200 francs, qui n'est même pas celle que la loi m'accorde, car le minimum des pensions des officiers généraux ne peut être moindre de 3.000. Loin d'avoir augmenté ma fortune dans la révolution, je l'ay au contraire très affoiblie, car lorsqu'en 1792, je quittai mon épouse et quatre enfants pour voler à la deffense de ma patrie, je vendis un bien-fonds trente six mille livres, qui m'a été payé à l'instant où le papier monnaie étoit totalement en discrédit. Des autres propriétés qui me restent l'une a été ravagée l'année dernière par la grêle, et l'autre cette année a été incendiée avec toutes les récoltes. Comme vous voyez, je n'ay pas été heureux...

« Sans doute il y eut un temps où les républicains n'étoient plus propres aux places; le moment de les employer n'étoit pas encore arrivé; mais comme je pense qu'ajourd'huy ils seront écoutés, je viens d'adresser à votre collègue Guillemardet (1), il y a quelques jours, un mémoire pour remettre au Directoire... Vous avez connu ma conduite dans votre pays; si vous pensez qu'elle soit celle d'un républicain, je vous invite à en faire part à votre collègue Guillemardet, qui pourroit le transmettre au Directoire. »

Nous n'avons pas retrouvé le mémoire dont Guillemardet, avait été chargé en brumaire (2); nous avons seulement la

---

1. L'ex-conventionnel Guillemardet, représentant de Saône-et-Loire, avait alors un rôle important. Il fut, l'année suivante, envoyé comme ambassadeur en Espagne. Goya fit son portrait, qui est au Louvre.

2. Le document où un certain nombre de représentants consignèrent leur appréciation du rôle du général Bard, reproduite dans l'avant-propos, est du mois suivant.

lettre que Bard adressa au ministre de la guerre, et nous la transcrivons sur l'original signé de la main de Bard. Cette lettre n'est pas datée, mais le général y indique son âge, trente-huit ans, ce qui la place avant le 21 janvier 1798.

« Liberté   Egalité

« Le Citoyen Antoine-Marie Bard, général de brigade, au « Ministre de la Guerre.

« Citoyen Ministre,

« J'ai servi la République avec zèle, activité, dévouement.
« Je l'ai servie à l'armée du Nord en qualité de lieutenant, puis
« de capitaine au 45ᵉ régiment d'infanterie ; j'ai combattu à
« Jemmapes. Je l'ai servie à l'armée de l'Ouest en qualité de
« commandant en second, puis en chef, du dixième bataillon
« de la formation d'Orléans. La guerre que j'avois faite au
« révoltés de la Vendée à la tête de ce bataillon me fit juger
« digne du grade de général de brigade, j'y fus promu le
« 4 octobre 1793. Ce témoignage de la confiance du gou-
« vernement m'imposoit l'obligation de la justifier, et les
« honorables blessures que j'ai reçües depuis attestent au
« moins qu'en payant de ma personne dans les combats
« livrés aux ennemis de la République, j'ai sçu donner aux
« officiers et soldats que j'avois l'honneur de commander
« l'exemple du dévouement à la cause de la liberté.
« Mes services dans le grade supérieur auroient pu atteindre
« (je me flattois de cet espoir) un bien plus haut degré d'uti-
« lité publique, si la malveillance ou l'impéritie ne fut venue
« à l'encontre de mes intentions, déconcerter mes mesures et
« faire avorter mes projets. Poursuivi par la calomnie sous
« le règne de la tirannie décemvirale, je fus accusé, suspendu
« de mes fonctions, arrêté, traduit devant une commission
« militaire. Quel étoit mon crime ? J'avois maintes fois battu
« les révoltés, je les avois chassés de presque tous les postes
« qu'ils occupoient autour de moy. J'avois ménagé le sang
« français, je n'avois pas permis que celuy des citoyens pai-
« sibles fût versé de sang-froid. Je n'avois pas livré à l'in-

« cendie et à la dévastation les propriétés. Je m'étois coura-
« geusement récrié contre les meurtres, les pillages et toutes
« les atrocités réfléchies que je voyois commettre au nom et
« au grand préjudice de la République, et dont le résultat
« ne pouvoit être que de rallumer et de perpétuer une
« horrible guerre civile.

« Ma conduite scrupuleusement scrutée, les imputations
« portées contre moy furent reconnues fausses et calom-
« nieuses, je fus rappelé à mes fonctions; mais deux bles-
« sures graves, l'une d'un coup de feu à la poitrine, l'autre
« de même d'un coup de feu à l'épaule droite, envenimées
« par un séjour de quatre mois dans des prisons malsaines,
« enchaînèrent momentanément mon activité. Je reçus à
« Fontenay une lettre de la commission du mouvement des
« armées, en datte du 25 floréal, an 3, par laquelle elle
« m'annonça que je n'étois point compris dans la nouvelle
« organisation.

« Citoyen ministre, la retraite militaire est un congé
« absolu, une dispense de service illimitée, un repos per-
« pétuel, qui ne doit être accordée qu'aux vieillards, aux
« infirmes, et aux valétudinaires dont les travaux militaires
« ont usé ou épuisé les forces. Mais pour un guerrier de
« trente-huit ans, doué d'une santé robuste, elle est préma-
« turée. Tant que la trompette guerrière sonne, il doit avoir
« les armes à la main.

« Mes blessures cicatrisées et consolidées, ma santé s'est
« rétablie. Je me sens la force de servir encore ma patrie, et
« mon courage s'indigne de l'inaction dans laquelle je vis.
« J'offre itérativement aujourd'huy mon bras à la République,
« et je ne cesserai de le luy offrir que je n'aie obtenu l'hon-
« neur d'être rappelé parmi ses deffenseurs. Me connoîtriez-
« vous assez peu pour craindre de compromettre les intérêts
« de la République en me rappelant à sa deffense, alors je
« vous dirai : Consultez les officiers, sous-officiers et soldats
« de toutes armes qui ont servi sous mon commandement et
« coopéré à mes travaux guerriers; consultez les représen-
« tants du peuple : Bellegarde, Luminais, Chapelain, Savary,

« Chevallereau, Gaudin, Guillemardet, Joubert-Bonnaire,
« Delorme, Mamert, Goupilleau de Fontenay, Maurisson,
« Lequinio, Prieur et autres, avec lesquels j'ay eu quelques
« relations; consultez les officiers municipaux des communes,
« les administrateurs de département et de districts en exer-
« cice dans les contrées où j'ai commandé; ils vous donne-
« ront des renseignements certains sur ma moralité, mon
« courage, mon attachement au régime républicain, mon
« dévouement à la patrie, sur ma loyauté et les succès de
« quelques-unes de mes opérations militaires. Les témoi-
« gnages d'estime et de confiance que j'en ai reçus, avant,
« lors et depuis notre séparation, sont les seuls titres pro-
« bants que je veux faire valoir à vos yeux.

« Vous voyez, citoyen ministre, quel est l'objet de ma
« réclamation. J'ai servi la République, je veux la servir
« encore. Le gouvernement m'a trouvé digne de sa confiance
« dans un tems; je ne pense pas qu'il me l'ait retirée, parce
« que ma conscience me crie que je n'ai pas démérité; je le
« supplie de me la continuer, et je luy promets d'employer
« tous mes moyens pour la justifier. J'invoque à cet égard,
« citoyen ministre, votre justice et votre appuy; je fais plus,
« j'y compte.

« Salut et respect.

« BARD. »

V

Le général Bard eut quatre enfants de son mariage avec
Jeanne-Marie Belot :

1º Julien Bard, qui fut médecin militaire dans les armées
du premier empire, mort sans postérité;

2º Cécile Bard, devenue épouse Guillon;

3º Etienne Bard, qui vécut à Toulon, receveur de l'enregistrement, — époux de Philiberte Montchanin (d'Issy-l'Evêque),
père d'Antoine Bard (qui a réuni les présentes notes) et de
Cécile Bard, épouse Guillemin;

4° Xavier Bard, lequel eut un fils et une fille (Camille et Elisa), restés sans postérité.

La femme du général Bard, Jeanne-Marie Belot, était originaire de Marcigny (Charolais). Elle était née du mariage de Julien Belot (mort en 1807) et de Catherine Rousset (morte en 1787). Le général Bard la perdit en 1810.

Il se remaria. Sa seconde femme, qui n'a pas laissé de postérité, fut Antoinette Guillemin, originaire, comme lui, de Montmort, près Toulon. Elle était veuve de Félix Definance-Dufey, natif de Toulon-sur-Arroux, mort en 1809 à cinquante-quatre ans, après avoir été garde du corps du roi, commandant de la milice nationale, maire, juge de paix et conseiller général de Toulon (Annuaire de Saône-et-Loire pour 1888). Elle survécut au général Bard qui, comme l'indique l'avant-propos, mourut à Toulon le 9 novembre 1837.

TABLE DES MATIÈRES

Pages.

Chapitre III. — **Commandement de Bard à Luçon**
18 octobre 1793-24 mars 1794.

CHAPITRE IV. — **Suspension et incarcération
du général Bard.**

Chapitre V. — Mise en liberté de Bard
et commandement à Fontenay.

APPENDICE

www.ingramcontent.com/pod-product-compliance
Ingram Content Group UK Ltd.
Pitfield, Milton Keynes, MK11 3LW, UK
UKHW022332090726
13658UKWH00001B/222